湖南高质量发展丛书 **第二辑**

HUNAN
GAOZHILIANG FAZHAN
CONGSHU

湖南省社会科学基金智库重大项目

清廉湖南建设

主　编　邓联荣　王　元

副主编　王岸兵　罗　英

湖南大学出版社　CNS | 湖南人民出版社 · 长沙

图书在版编目（CIP）数据

清廉湖南建设 / 邓联荣，王元主编. -- 长沙 ：湖南大学出版社，2025.4
（湖南高质量发展丛书）
ISBN 978-7-5667-2702-2

Ⅰ.①清… Ⅱ.①邓… ②王… Ⅲ.①廉政建设—湖南 Ⅳ.①D630.9

中国版本图书馆CIP 数据核字（2022）第179131号

清廉湖南建设
QINGLIAN HUNAN JIANSHE

主　　编：邓联荣　王　元
策划编辑：刘　旺　王和君
责任编辑：全　健
印　　装：长沙超峰印刷有限公司
开　　本：710 mm × 1000 mm　1/16　**印　　张：**13.75　**字　　数：**185千字
版　　次：2025年4月第1版　**印　　次：**2025年4月第1次印刷
书　　号：ISBN 978-7-5667-2702-2
定　　价：47.00 元

出 版 人：李文邦
出版发行：湖南大学出版社
社　　址：湖南 · 长沙 · 岳麓山　**邮　　编：**410082
电　　话：0731-88822559（营销部）　88820008（编辑部）　88821006（出版部）
传　　真：0731-88822264（总编室）
网　　址：http://press.hnu.edu.cn

锚定“三高四新”美好蓝图
加快推动湖南高质量发展
（代序）

党的二十大擘画了以中国式现代化全面推进中华民族伟大复兴的宏伟蓝图，明确高质量发展是全面建设社会主义现代化国家的首要任务。全省上下要切实把思想和行动统一到党的二十大精神和党中央决策部署上来，统一到习近平总书记关于湖南工作的重要讲话和指示批示精神上来，锚定“三高四新”美好蓝图，扎实推进中国式现代化的湖南实践，奋力闯出新时代湖南高质量发展的新路子。

——要将高质量发展作为社会主义现代化新湖南建设的首要任务，推动高质量发展导向深入人心、高质量发展要求全面落实，促进三次产业结构持续优化、整合全球和全国创新资源能力持续增强、城乡区域发展差距持续缩小、城乡人居环境持续改善、开放平台能级持续提升、人民健康水平和生活水平持续提高，实现产业发展水平、自主创新能力、协调发展水平、绿色发展水平、开放发展水平、共享发展水平明显提升，“三个高地”建设取得重大进展，社会主义现代化新湖南建设迈出坚实步伐。

——要牢固树立和践行正确政绩观，正确处理规模速度和质量效益、政府和市场、发展经济和保护生态、发展和安全、当前和长远的关系，加快形成推动高质量发展的鲜明导向。要大力推进国家重要先进制造业高地建设，明确现代化产业体系建设的主攻方向，提升园区承载能力，推动存量企业扩能升级和精准招商，加快构建富有湖南特色和优势的现代化产业体系；大力推进具有核心竞争力的科技创新高地建设，推动关键核心技术攻关和成果转化，实施新时代人才强省战略，加快构建汇聚全球创新资源的创新型省份；大力推进内陆地区改革开放高地建设，持续深化重点领域改革，推动高水平对外开放，加快构建高标准市场体系和高水平对外开放格局；大力推进长株潭一体化发展，推动四大区域板块联动发展，促进县域经济高质量发展，加快构建支撑高质量发展的城乡区域协调发展体系；大力推进乡村振兴战略，坚决扛稳粮食安全责任，以农民持续增收为核心加快培育农业特色优势产业，持续推进乡村建设行动，加快推动农业大省向农业强省跨越；大力推进扩大内需战略，持续推动消费提质、投资增效、流通体系升级，着力增强高质量发展的内生动力；大力推进市场化法治化国际化营商环境建设，加大对民营经济政策支持力度，强化民营经济发展法治保障，促进民营经济人士健康成长，全力营造重商亲商安商的浓厚氛围，推动民营经济高质量发展；大力推进文化产业创新发展，提升红色文化的传播力影响力，打造优势文化产业集群，推进文旅和相关产业融合发展，加快建设文化强省；大力推进共同富裕，深入实施创业就业行动，推进健康湖南建设，提高社会保障水平，持续提升人民群众收入水平和生活品质；大力推进美丽湖南建设，持续打好污染防治攻坚战，全面提升生态系统功能，加快发展方式绿色低碳转型，坚决扛牢“守护好一江碧水”的责任担当；大力推进安全发展，防范和化解重点领域风险，提升本质安全能力水平，有效防范和应对自然灾害风险，完善社会治理体系，坚决守住高质量发展的底线红线。

——要把党的领导贯穿推动高质量发展全过程各方面，持续抓好学习贯彻习近平新时代中国特色社会主义思想主题教育，完善工作推进机制，强化监督助推落实，深入协商集中民智，形成共促高质量发展的广泛共识和强大合力。强化实干实绩实效导向，完善高质量发展综合考核评价体系，严格落实“三个区分开来”，健全激励干部担当作为的容错纠错机制，为担当者担当、对负责者负责、让有为者有位。大兴调查研究，持续为基层松绑减负。及时总结推广全省高质量发展的典型案例、先进经验，推动形成比学赶超、争先创优的浓厚氛围。

（摘自《中国共产党湖南省第十二届委员会第四次全体会议决议》，原载《湖南日报》2023 年 8 月 31 日）

目 录

CONTENTS

第 1 章

清廉湖南建设的重大意义

腐败是我们党面临的最大威胁，反腐败是最彻底的自我革命。

——2025 年 1 月 6 日，习近平总书记在二十届中央纪委四次全会上的讲话党的十八大以来，在以习近平同志为核心的党中央坚强领导下，湖南省委坚定不移推进党风廉政建设和反腐败斗争。从2020年12月明确提出清廉湖南建设，到2021年7月《中共湖南省委关于推进清廉湖南建设的意见》（以下简称《推进清廉湖南建设的意见》）出台，为推进清廉湖南建设明确了“时间表”“任务书”和“路线图”；再到2025年1月，湖南省十二届纪委五次全会强调推动清廉湖南建设取得更大成效，清廉湖南建设不断走深走实。清廉湖南建设是湖南党风廉政建设和反腐败斗争的升级版，是湖南推进党的自我革命的重要举措，是奋力谱写中国式现代化湖南篇章的有力保障，意义重大、影响深远。

第一节

湖南党风廉政建设和反腐败斗争的升级版

清廉湖南建设有历史基础，是现实需要，亦面向未来，对湖南党风廉政建设和反腐败斗争具有里程碑意义。

一、传承历史推进党风廉政建设和反腐败斗争的接续奋斗

我们党历来高度重视党风廉政建设和反腐败斗争。新民主主义革命时期，我们党处决谢步升、黄克功、肖玉璧等腐化分子，创造性开展延安整风。1949年进京前夕，毛泽东同志在西柏坡提出“两个务必”，向全党敲响了拒腐防变的警钟。历史有证，我们党以“延安作风”完胜有“西安作风”的国民党。1949年，时任美国驻华大使司徒雷登深有感慨地说，共产党战胜国民党靠的不是飞机大炮，而是廉

洁，以及廉洁换来的民心。社会主义革命和建设时期，我们党先后开展了整风运动和“三反”“五反”等运动，制定了《中华人民共和国惩治贪污条例》等一系列法规，处决了刘青山、张子善等腐败分子，党风廉政建设和反腐败斗争为巩固新生的人民政权作出了重要贡献。

专栏 1-1

党史上的“反腐第一枪”

1932 年 5 月 9 日，曾当过江西瑞金叶坪村苏维埃政府主席的谢步升被执行枪决，成为我党历史上第一个被处决的腐败分子。面对该案在办理过程中遇到的阻力，毛泽东说：“腐败不清除，苏维埃旗帜就打不下去，共产党就会失去威望和民心！与贪污腐化作斗争，是我们共产党人的天职，谁也阻挡不了！”

1952 年 2 月 10 日，从“红小鬼”变成了“大贪官”的刘青山（天津地委原书记、石家庄市委副书记）和张子善（天津原行署专员、天津地委书记）被枪决，打响了“新中国反腐第一枪”。听到关于不要枪毙这两人的议论时，毛泽东说，正因为他们两人地位高、功劳大、影响大，所以才要下决心处决他们。只有处决他们，才可能挽救 20 个、200 个、2000 个、20 000 个犯有各种不同程度错误的干部。

改革开放初期，广东海丰曾经走私肆虐，时任县委书记王仲利用职权侵吞缉私物资、受贿索贿总额达 6.9 万多元，相当于当时一位普通干部 100 年的工资收入。1983 年 1 月，王仲被依法判处死刑，成为改革开放后第一个因贪腐被枪毙的县委书记。

（资料来源：王诗雨《正风反腐，我们一路走来——建党 98 年来党风廉政建设和反腐败工作 N 个“第一”的前前后后》，《中国纪检监察》2019 年第 13 期。）

改革开放和社会主义现代化建设新时期，我们党坚持一手抓改革开放、一手抓惩治腐败，开展了以统一思想、整顿作风、加强纪律、纯洁组织为基本任务的整党活动与以“讲学习、讲政治、讲正气”为主要内容的党性党风教育，颁布实施了《建立健全教育、制度、监督并重的惩治和预防腐败体系实施纲要》，党风廉政建设和反腐败斗争为改革开放和现代化建设发挥了保驾护航的重要作用。

中国特色社会主义新时代，党风廉政建设和反腐败斗争举世瞩目。以习近平同志为核心的党中央把全面从严治党纳入“四个全面”战略布局，把党风廉政建设和反腐败斗争摆到更加突出的位置，特别是以“得罪千百人、不负十四亿”的使命担当祛疴治乱，不敢腐、不能腐、不想腐一体推进，“打虎”“拍蝇”“猎狐”多管齐下，反腐败斗争取得压倒性胜利并全面巩固，消除了党、国家、军队内部存在的严重隐患。习近平总书记指出：“进入新时代，面对党内党风廉政建设和反腐败斗争的突出问题，我们坚持有腐必反、有贪必肃，不断纯洁干部队伍，维护了党的形象，巩固了红色江山，赢得了确保党不变质、不变色、不变味的历史主动，赢得了党团结带领全体人民为强国建设、民族复兴伟业共同奋斗的历史主动。”这是对新时代党风廉政建设和反腐败斗争的充分肯定。

清廉湖南建设是党风廉政建设和反腐败斗争历史在湖南的延续。在党中央领导下，湖南党组织始终把党风廉政建设和反腐败斗争摆在重要位置，进行了大量探索，取得了巨大成绩，积累了丰富经验。如，1926 年 10 月通过的《中国共产党湖南区第六次代表大会宣言》提出 55 条最低限度的政治、经济要求，其中就包括“铲除贪官污吏”。在 1951—1952 年的“三反”运动中，经时任公安部部长罗瑞卿督办、毛泽东主席批准，犯有贪污罪的长沙市公安局局长被从速处决，以示惩治从严；经省、专区两级定案的贪污分子 21 762 人，其中共产党员 1420 人，缴获赃款共 984 万元。改革开放后，强化领

专栏 1-2

新时代反腐败受世界好评

美国前总统克林顿：习近平的愿景与决心，尤其是在反腐败这一块，我们需要给他鼓鼓掌，他实在是做得特别好。

德国下萨克森州州长施特凡·魏尔：腐败在世界各地都会发生，德国也不例外。但在世界上，一个中央政府、一个执政党这么彻底、集中力量惩治腐败，在世界上我只能举中国这么一个例子。

英国《金融时报》亚洲版主编、专栏作家戴维·皮林：习近平反腐败斗争的程度之深、持续之久超乎所有人的想象。亚洲的许多发展中国家都充满了腐败，几乎仅有中国政府采取了行动。

巴西坎皮纳斯州立大学金砖国家研究中心研究员布鲁诺·孔蒂：中国的反腐败斗争"是一场真正的反腐"，它有利于提升中国的国际形象，也为其他国家的反腐提供了一个很好的学习样本。

经济合作与发展组织副秘书长玉木林太郎：中国铁腕惩腐，赢得本国民心，赢得世界声誉，以行动传递出严厉打击腐败、积极开展国际合作的决心，是反腐败的典范。

（资料来源：郭河驹《中国反腐败赢得国际社会积极评价》，《中国纪检监察》2015 年第 1 期。）

导干部廉洁自律，重点抓了对红包礼金、奢侈浪费等问题的治理；加大反腐败力度，查处了一系列大案要案；开展了多项纠风专项治理工作。如，1996—2001 年，湖南省纪委、监察厅直接立案 177 件，处分地厅级干部 103 人、县处级干部 106 人；2002—2008 年，全省减轻农民负担共计 26.69 亿元，取消企业不合理收费项目 3691 个，共计 13.29 亿元。新时代十年，湖南省纪检监察机关以雷霆之势反腐惩恶，审查调查立案数、处分人数、移送检察机关人数，分别是上个十年的2.4倍、2.4倍、2倍。清廉湖南建设是湖南在新征程上继续把党风廉政建设和反腐败斗争记在心上、扛在肩上、抓在手上的重要体现，彰显了湖南对党风廉政建设和反腐败斗争的历史承继。

二、立足现实推进党风廉政建设和反腐败斗争的政治担当

旗帜鲜明讲政治，既是马克思主义政党的鲜明特征，也是我们党一以贯之的政治优势。讲政治是历史的，也是具体的，在不同历史条件下有不同的要求与体现。在新时代讲政治，最根本的是深刻领悟确立习近平同志党中央的核心、全党的核心地位，确立习近平新时代中国特色社会主义思想的指导地位（“两个确立”）的决定性意义，增强政治意识、大局意识、核心意识、看齐意识（“四个意识”），坚定道路自信、理论自信、制度自信、文化自信（“四个自信”），做到坚决维护习近平总书记党中央的核心、全党的核心地位，坚决维护以习近平同志为核心的党中央权威和集中统一领导（“两个维护”），一个具体要求是从政治上看党风廉政建设和反腐败斗争，坚决深入推进党风廉政建设和反腐败斗争。

以习近平同志为核心的党中央反复强调党风廉政建设和反腐败斗争首先要从政治上看。政治问题，任何时候都是根本性的大问题。在新时代全面从严治党实践中，我们党深刻认识到，党内存在的很多问题都同政治问题相关联，都是因为党的政治建设没有抓紧、没有抓实。“治其本，朝令而夕从；救其末，百世不改也。”不从政治上认识问题、解决问题，就会陷入头痛医头、脚痛医脚的被动局面，就无法从根本上解决问题。习近平总书记反复强调：“全面从严治党首先要从政治上看”，“对党风廉政建设和反腐败斗争，首先要从政治上看”，“反腐败斗争首先要从政治上看”。只有这样，才能看得更明白。不正之风与腐败问题具有巨大的政治危害性。党风廉政建设和反

腐败斗争关系党和国家的生死存亡，是广大干部群众始终关注的重大政治问题，是党和政府必须抓好的重大政治任务。清廉湖南建设是湖南省委从政治上领会和落实党中央关于党风廉政建设和反腐败斗争的精神，深入推进党风廉政建设和反腐败斗争的重要举措。

习近平总书记对湖南党风廉政建设和反腐败斗争提出了明确要求。党的十八大以来，习近平总书记四次莅临湖南考察，发表一系列重要讲话，作出一系列重要指示，为湖南工作指明了前进方向、提供了根本遵循。如，2013 年 11 月在湖南考察时指出，深入改进作风，是做好各项工作的重要保障。2020 年 9 月在湖南考察时指出："反腐倡廉永远在路上。你们对金融、涉矿涉砂、工程项目等重点领域进行专项整治，抓到了点子上，要继续抓下去。要坚持'老虎''苍蝇'一起打，重点查处不收敛不收手的违纪违法问题，一体推进不敢腐、不能腐、不想腐体制机制建设。"清廉湖南建设，是湖南省委在习近平总书记 2020 年 9 月考察湖南后，牢记与践行习近平总书记有关党风廉政建设和反腐败斗争嘱托作出的重要决策部署，体现了湖南贯彻落实习近平总书记考察湖南重要讲话精神的政治自觉、思想自觉、行动自觉，彰显了湖南深入推进党风廉政建设和反腐败斗争的政治站位、坚定决心、务实作风。

反腐败斗争形势仍然严峻复杂。2018 年 12 月 13 日召开的中共中央政治局会议指出，反腐败斗争取得压倒性胜利。2019 年 1 月 19 日通过的《中国共产党湖南省第十一届纪律检查委员会第四次全体会议公报》指出："在各方面共同努力下，全省党风政风持续好转，党内政治生态气象更新，反腐败斗争取得压倒性胜利。"之后，这一胜利得到全面巩固。压倒性胜利来之不易，弥足珍贵。同时应该看到，压倒性胜利不是最终胜利。习近平总书记指出："廉洁自律、反腐倡廉问题是我讲得最多的一个问题，原因就是腐败问题远未根绝。"事实一再表明，无论全国还是湖南，腐败和反腐败之间的较量都还在激烈进行，突出表现在：腐败存量尚未清除，腐败增量还在持续发生，不收手不收敛者屡见不鲜；传统腐败与新型腐败、隐性腐败并存，腐败手段隐形变异、翻新升级；“围猎”与甘于被“围猎”并存，行贿受贿、权钱交易、权色交易、利益输送等乱象频发；领导干部个人腐败与家庭腐败、家族腐败、身边人腐败并存，“白手套”“打牌子”“提篮子”等顽疾屡治不止，一些领域与岗位腐败易发高发；特别是一些地方政治问题与腐败问题交织，出现“一把手”腐败导致塌方式腐败，严重破坏了政治生态。如，党的十八大以来，在湖南郴州市、怀化市、娄底市、常德市等地，多名市委原书记“前腐后继”，影响恶劣。形势决定任务。依然严峻复杂的反腐败斗争形势，要求反腐败斗争不能局限于、满足于、停留于取得压倒性胜利，不能有任何犹豫动摇、松懈手软，更不能半途而废，而应继承和发扬老一辈革命家“宜将剩勇追穷寇，不可沽名学霸王”的革命到底精神，保持反腐败斗争政治定力，以“永远在路上”的韧劲把反腐败斗争进行到底。清廉湖南建设是对症下药之举，有利于促进湖南不断取得反腐败斗争新胜利，为坚决打好反腐败斗争攻坚战、持久战、总体战作出湖南贡献。

三、面向未来推进党风廉政建设和反腐败斗争的重要部署

清廉湖南建设不是重复过去的故事，而是描绘了湖南党风廉政建设和反腐败斗争的远景目标，不是一时之策，而是长久之计，体现了立足当前与着眼长远、目标与手段、结果与过程、继承与创新的统一，有利于湖南党风廉政建设和反腐败斗争不断开创新局面。

“清廉湖南”是对湖南党风廉政建设和反腐败斗争远景目标的高度提炼。2020 年 12 月 2 日通过的《中共湖南省委关于制定湖南省国民经济和社会发展第十四个五年规划和二〇三五年远景目标的建议》，首次提出了建设法治湖南、美丽湖南、健康湖南、平安湖南、

清廉湖南的目标。这五者是湖南实现更高质量、更高效益发展目标的重要体现。一个多月后，《湖南省国民经济和社会发展第十四个五年规划和二〇三五年远景目标纲要》专设一节“推进建设清廉湖南”。“清廉湖南”是湖南在谋划“十四五”规划和二〇三五年远景目标时提出的，是湖南二〇三五年远景目标之一，是对湖南党风廉政建设和反腐败斗争远景目标的高度概括和提炼，是湖南党风廉政建设和反腐败斗争的画龙点睛之笔。清廉湖南是目标，湖南党风廉政建设和反腐败斗争、湖南纪检监察工作等是实现这一目标的手段；清廉湖南是结果，清廉湖南建设是过程，需要循序渐进，不可能一蹴而就。从《推进清廉湖南建设的意见》看，除用一句话明确总体目标外，还明确了5年左右建设、15年左右建设的阶段性目标，表明清廉湖南建设具有立足当前、面向未来、长期推进的特点。推进清廉湖南建设，既是深入推进党风廉政建设和反腐败斗争之所需，也是现代化新湖南建设、

专栏1-3

清廉湖南建设的阶段性目标

通过5年左右建设，清廉湖南积厚成势，各级党组织管党治党责任意识明显增强，党员干部廉洁自觉性明显提高，对公权力的监督制约明显强化，顽瘴痼疾明显遏制，腐败存量明显减少，腐败增量明显下降，群众满意度明显上升。

通过15年左右建设，清廉湖南化风成俗，各级党组织管党治党责任机制更加健全，权力运行更加公开规范高效，政治生态更加优化，社会正气更加充盈，崇廉倡廉氛围更加浓厚，清廉成为湖南的风尚和名片。

（资料来源：《中共湖南省委关于推进清廉湖南建设的意见》。）

实现湖南二〇三五年远景目标之所需，必将为现代化新湖南建设、实现湖南二〇三五年远景目标作出新的更大贡献。

“清廉湖南建设”是湖南党风廉政建设和反腐败斗争的“升级版”。习近平总书记指出：“党的十八大提出建设廉洁政治的重大任务，要求做到干部清正、政府清廉、政治清明。这‘三清’对党风廉政建设和反腐败斗争提出了更高的要求。”清廉湖南建设的总目标是营造干部清正、政府清廉、政治清明、社会清朗的政治生态和发展环境，除前述“三清”外，还包括“社会清朗”，要求更高。如，清廉湖南建设覆盖湖南全地域、全领域，远不局限于党内、政府内和公职人员群体。从《推进清廉湖南建设的意见》来看，既注重“不断深化党的纪律建设和作风建设”，对干部、党员提出要求，强调“严格干部教育管理”，“加强基层党建构筑清廉堡垒”，“使每一名党员真正增强党风党纪意识，争当清廉模范”，又强调“以良好的党风政风浸润社风民风”，要求“培育良好家风”，“加强医德医风建设”，“加强新时代师德师风建设”，“教育引导民营经济人士增强法治意识、契约精神，培育民营企业清廉文化”，“用好村规民约，推动移风易俗”，“开展群众性清廉宣传教育活动”；既注重整治形式主义、官僚主义、享乐主义、奢靡之风等“四风”，要求“深入贯彻落实中央八项规定精神，严格执行省委‘约法三章’，对享乐主义、奢靡之风露头就打，深化整治形式主义、官僚主义”，又强调树新风，要求“大力弘扬求真务实、真抓实干之风”；既注重纠治发生在干部身上的不正之风，要求“从严查处违规用人问题和选人用人中的不正之风”，又强调“突出整治群众身边腐败和不正之风”；既对建设清廉机关作出部署，又对建设清廉企业、建设清廉学校、建设清廉医院、建设清廉乡村作出安排；等等。可见，清廉湖南建设的外延很宽、容量很大，是全方位的，是对湖南党风廉政建设和反腐败斗争的深化和拓展。推进清廉湖南建设，必将有力推动湖南党风廉政建设和反腐败斗争向纵深发展，促进湖南党风政风、社风民风与湖南反腐败斗争形势进一步好转。

第二节

湖南推进党的自我革命的重要举措

自我革命是我们党跳出治乱兴衰历史周期率的第二个答案。我们党的百余年历史，既是一部波澜壮阔、惊天动地的社会革命史，也是一部党为永葆先进性和纯洁性，不断激浊扬清、反腐倡廉的自我革命史。习近平总书记指出："自我革命就是补钙壮骨、排毒杀菌、壮士断腕、去腐生肌，不断清除侵蚀党的健康肌体的病毒，不断提高自身免疫力，防止人亡政息。"这种对自我革命的医学比喻，既生动形象又深刻透彻。中医上有"治未病"与"治已病"之说。治未病是指未病先防，通过增强人体的免疫力和抵抗力，避免疾病的发生；治已病则是指在疾病已经发生后进行治疗。清廉湖南建设立足反腐倡廉全过程全周期，既"治未病"又"治已病"，既治较轻的作风病又治较重的腐败病，是湖南推进党的自我革命的一个标志性举措。

专栏 1-4

习近平总书记关于党的自我革命的重要思想

2024 年 1 月，习近平总书记在二十届中央纪委三次全会上鲜明提出关于党的自我革命的重要思想。这一重要思想系统回答了我们党为什么要自我革命、为什么能自我革命、怎样推进自我革命等三个重大问题，明确提出推进自我革命“九个以”的实践要求：（1）以坚持党中央集中统一领导为根本保证；（2）以引领伟大社会革命为根本目的；（3）以习近平新时代中国特色社会主义思想为根本遵循；（4）以跳出历史周期率为战略目标；（5）以解决大党独有难题为主攻方向；（6）以健全全面从严治党体系为有效途径；（7）以锻造坚强组织、建设过硬队伍为重要着力点；（8）以正风肃纪反腐为重要抓手；（9）以自我监督和人民监督相结合为强大动力。

（资料来源：习近平《深入推进党的自我革命》，《求是》2024 年第 24 期。）

一、强身健体治“未病”，推进自我革命的固本培元之举

《共产党宣言》指出：“过去的一切运动都是少数人的或者为少数人谋利益的运动。无产阶级的运动是绝大多数人的、为绝大多数人谋利益的独立的运动。”我们党是始终代表最广大人民根本利益的马克思主义政党，没有自己特殊的利益，也从来不代表任何利益集团、任何权势团体、任何特权阶层的利益，同腐败水火不容。反对腐败、建设廉洁政治，是我们党一贯坚持的鲜明政治立场，是坚持党的性质和宗旨的必然要求，是党自我革命必须长期抓好的重大政治任务。

清正廉洁是我们党的重要价值观。党的十九大报告中明确要求“弘扬忠诚老实、公道正派、实事求是、清正廉洁等价值观”。价值观承载着精神追求，直接关系是非曲直评判，影响人的行为。推进党的自我革命、全面从严治党、党风廉政建设和反腐败斗争，要坚持从思想根子抓起，解决好世界观、人生观、价值观这个“总开关”问

题。一个干部只有把世界观、人生观、价值观的总开关拧紧了，把思想觉悟、精神境界提高了，才能做到从“不敢腐”到“不想腐”。

清正廉洁是我们党的政治本色。古人云：“廉者，政之本也。”习近平总书记不仅反复强调清正廉洁是共产党人的政治本色，要求“永葆共产党人清正廉洁的政治本色”，而且把清正廉洁作为我们党整体意义上的政治本色，要求“确保党永葆清正廉洁的政治本色”。党员是党的细胞。“永葆共产党人清正廉洁的政治本色”与“党永葆清正廉洁的政治本色”在根本上是一致的，是个体与整体的关系。

自身硬首先要自身廉。“物必先腐，而后虫生。”我们党要始终成为时代先锋、民族脊梁，始终成为马克思主义执政党，自身必须始终过硬。怎样才算过硬？就是要敢于进行自我革命，敢于刀刃向内，敢于刮骨疗伤，敢于壮士断腕，防止祸起萧墙。这也是我们党要不断进行自我革命的根本意义所在。那么，自身硬究竟有何具体要求呢？究竟体现在哪些方面呢？习近平总书记指出：“对领导干部来讲，自身硬首先要自身廉。”俗话说得好，拿人的手短，吃人的嘴软。意思是不能随便吃拿别人的东西，否则说话办事就理不直、气不壮。的确，一个人廉洁自律不过关，做人就没有骨气，做事就没有硬气，这是千古不变的道理。古人云：“公生明，廉生威。”对干部如此，对党的组织也是如此，正如习近平总书记所指出的，党要赢得民心，党中央要有权威，必须廉洁。

清廉湖南建设紧扣清正廉洁这一党的大本大源，是湖南省委坚定不移弘扬清正廉洁价值观、永葆清正廉洁政治本色的重大宣示与战略抓手，标志着湖南省委把弘扬清正廉洁价值观、永葆清正廉洁政治本色摆到了更加突出的位置，作为一项日常性、经常性、基础性、长期性工作来贯彻执行，有利于湖南党员特别是党员干部在工作、学习、生活中弘扬正气，更廉更硬，远离不正之风与腐败问题。

二、抓早抓小治“作风病”，推进自我革命的防微杜渐之举

在管党治党、正风反腐语境下，常见“作风病”与“作风顽疾”的说法。从“未病”到“已病”，从小病到大病，从病在表皮到病入膏肓，有一个演变过程，不能放任不管。从管党治党看，大量案例警示，不正之风是滋生腐败的温床，腐败往往始于作风失守。不少党员干部就是从吃顿饭、喝瓶酒、收张卡、钓次鱼、打次球、玩次牌等开始，不知不觉逐步蜕变，堕入腐败深渊的。因此，必须深入推进党的作风建设，抓早抓小、防微杜渐。

促进湖南纠歪风特别是纠“四风”。党的作风关系党的形象，关系人心向背，关系党的生死存亡，是反映党群干群关系、人心向背的晴雨表。党的十八大以来，党中央大力加强作风建设，锲而不舍贯彻落实中央八项规定及其实施细则精神，党风明显好转，但在一些地方、单位与领导干部中，问题仍然不少。从湖南看，有的形式主义严重，仍然存在“文山会海”现象；有的官僚主义严重，漠视群众利益，甚至与民争利；有的“吃喝风”“打牌风”“红包风”“送礼风”屡禁不绝，享乐主义、奢靡之风隐形变异；等等。2025 年 1 月，湖南省各级纪检监察机关共查处违反中央八项规定精神问题 1276 起，批评教育帮助和处理 2223 人，其中给予党纪政务处分 2061 人，占处理人数的 92.71%。《推进清廉湖南建设的意见》强调：“深入贯彻落实中央八项规定精神，严格执行省委‘约法三章’，对享乐主义、奢靡之风露头就打，深化整治形式主义、官僚主义。”推进清廉湖南建设，必将有力推动湖南深入贯彻中央八项规定及其实施细则精神，强化对“四风”的治理，让“吃喝风”“打牌风”“红包风”“送礼风”等歪风邪气无处遁形。

促进湖南树新风特别是大兴清廉之风。作风建设，既要大力弘扬我们党理论联系实际、密切联系群众、批评与自我批评、谦虚谨慎、

专栏 1-5

“八项规定改变中国！”

“八项规定改变中国！”这是海内外媒体高度一致的惊叹。

2012 年 12 月 4 日，中共中央政治局审议通过《十八届中央政治局关于改进工作作风、密切联系群众的八项规定》（简称“中央八项规定”）。其要点依次如下：（1）改进调查研究；（2）精简会议活动；（3）精简文件简报；（4）规范出访活动；（5）改进警卫工作；（6）改进新闻报道；（7）严格文稿发表；（8）厉行勤俭节约。从此，全党迎来了一场激浊扬清的风气巨变。

2024 年国家统计局调查显示，94.9% 的受访群众对中央八项规定精神贯彻落实成效表示肯定。中央八项规定作为新时代作风建设的代名词、新时代共产党人的一张“金色名片”，已经深刻改变中国，还将继续改变中国。

（资料来源：中央纪委国家监委网站。）

艰苦奋斗等优良传统和作风，又要坚决纠治形式主义、官僚主义、享乐主义、奢靡之风等歪风邪气，还要努力树新风。就树新风而言，新时代凸显了清廉之风。2020 年 1 月 13 日，习近平总书记在十九届中央纪委四次全会上的讲话中强调：“要通过清晰的制度导向，把干部干事创业的手脚从形式主义、官僚主义的桎梏、‘套路’中解脱出来，形成求真务实、清正廉洁的新风正气。”2023 年，学习贯彻习近平新时代中国特色社会主义思想主题教育将“廉洁奉公树立新风”纳入五个方面具体目标（凝心铸魂筑牢根本、锤炼品格强化忠诚、实干担当促进发展、践行宗旨为民造福、廉洁奉公树立新风）中。2024 年，中央强调要大兴务实之风、清廉之风、俭朴之风。推进清廉湖南建设，有利于湖南大兴清廉之风，促进湖南广大党员、干部堂堂正正做人，干干净净干事，一身正气，两袖清风，防止“四风”等歪风邪气近身附体。

三、义无反顾治“腐败病”，推进自我革命的刮骨疗毒之举

在政治生活中，腐败是病，而且是大病、重病，被喻为“毒瘤”“政治之癌”。清廉与腐败势不两立，清廉建设是“腐败病”的克星。

反腐败是最彻底的自我革命。这种最彻底性，至少可从以下三个方面来理解。其一，腐败是跳不出历史周期率的症结所在，自我革命务必彻底反腐败。大量事实说明，如果任凭腐败问题发展，愈演愈烈，最终必然导致亡党亡国。就新时代而言，不得罪成百上千的腐败分子，就要得罪十四亿人民，这是一笔再明白不过的政治账、人心向背账。其二，腐败是危害党的生命力和战斗力的最大毒瘤，自我革命最要革的就是腐败的命。腐败问题对党的执政基础破坏力最大，杀伤力也最大，是最容易颠覆政权的问题，是党面临的最大威胁。反腐败斗争是一场输不起也绝不能输的重大政治斗争，必须决战决胜。其三，反腐败极不容易，是自我革命的试金石。习近平总书记指出：“世界上那么多执政党，有几个敢像我们党这样大规模、大力度、坚持不懈反腐败？有些人吹捧西方多党轮流执政、‘三权鼎立’那一套，不相信我们党能够刀刃向内、自剜腐肉。中国共产党勇于自我革命的实践给了他们响亮有力的回答。”腐败是党内各种不良因素长期积累、持续发酵的体现，反腐败就是同各种弱化党的先进性、损害党的纯洁性的病原体作斗争。这种斗争极其复杂、极其艰难，必须真刀实枪攻坚克难。

反腐败是党不变质、不变色、不变味的必然要求。这里的变质、

变色、变味是形象的类比说法。从日常生活可知，物品的变质、变色、变味，是一个由内到外不断外显的过程。从反腐倡廉来看，腐败与变质、变色、变味密不可分，腐败是变质、变色、变味的集中概括，变质、变色、变味是腐败的具体表现。由此不难理解，中央为什么反复强调“拒腐防变”，把“腐”与“变”放在一起讲。只有坚决抵制腐败、有效治理腐败，才能避免蜕变，防止变质、变色、变味。

清廉湖南建设彰显了彻底的自我革命精神，有利于“确保党不变质、不变色、不变味”在湖南落地见效。清廉湖南建设在其阶段性目标中强调“腐败存量明显减少，腐败增量明显下降”；在其方法路径上强调“一体推进不敢腐、不能腐、不想腐”；在其具体部署上强调“坚持有腐必惩、有案必查”，包括重点查处不收敛、不收手，问题线索反映集中、群众反映强烈，政治问题和经济问题交织的腐败案件，坚决查处“提篮子”“打牌子”“拉款子”“借赌敛财”“放贷牟利”等隐性腐败、新型腐败，等等。所有这些，亮明了湖南省委对腐败的零容忍态度。推进清廉湖南建设，有利于湖南持之以恒开展反腐败斗争，不断拓展反腐败斗争的深度广度，对“确保党不变质、不变色、不变味”在湖南落地见效具有特别的重要性。

第三节

奋力谱写中国式现代化湖南篇章的有力保障

以中国式现代化全面推进强国建设、民族复兴伟业，是新时代新征程党和国家的中心任务，是新时代最大的政治。奋力谱写中国式现代化湖南篇章，是习近平总书记的殷切嘱托，是赋予湖南的重大历史

专栏1-6

新加坡反腐倡廉助力国家现代化

新加坡在1965年独立前，贫穷落后，贪婪、腐败、颓废之风盛行，民怨沸腾。面对这种情况，新加坡人民行动党执政后把廉政上升为国家战略，明确提出“为了生存，必须廉政；为了发展，必须反贪”。新加坡推崇儒家文化倡导的忠、孝、仁、爱、礼、义、廉、耻“八德”。有“新加坡国父”之称的李光耀指出：“新加坡的生存，全赖部长和高级官员的廉洁和效率。”廉政建设助力新加坡在短短几十年内就实现了工业化和现代化的跨越，是新加坡人民行动党长期执政的重要密码。

如今的新加坡，多次入选全球最廉洁、最富裕与最有竞争力的国家行列。2024年，新加坡人均GDP首次突破9万美元，排名进入世界前五位；在国际竞争力评价权威机构瑞士洛桑国际管理发展学院的世界竞争力排行榜中，新加坡在67个经济体中排名首位。在廉洁评价知名机构“透明国际”发布的2024年全球廉洁指数排名报告中，新加坡排名第三位。世界银行发布的2024年营商环境成熟度报告，设监管框架、公共服务、运营效率三个维度十项指标，新加坡在运营效率、公共服务上分别位居全球第一位和第二位，在十项指标中有八项指标居前十位。

（资料来源：李文《新加坡如何走出腐败高发期》，中央纪委国家监委网站；凌朔《李光耀的“反腐经”：不仅倾家荡产更要身败名裂》，新华网；王勤《新加坡长期保持经济活力的缘由与启示》，《人民论坛》2025年第8期。）

使命。国内外历史与现实、理论与实践都表明，清廉建设有助于现代化的顺利推进，而腐败则是实现现代化的巨大障碍。清廉湖南建设是奋力谱写中国式现代化湖南篇章的应有之义，也是其有力保障。

一、保障湖南政通人和，夯实奋力谱写中国式现代化湖南篇章的基础

列宁说过，“只要有贪污受贿的可能，就谈不上政治”。清廉是现代化的底色，现代政治必须是清廉政治或者说廉洁政治。推进清廉湖南建设，是奋力谱写中国式现代化湖南篇章的必然要求，势在必行。

保障湖南党组织坚强有力，加强对谱写中国式现代化湖南篇章的领导。党的二十大报告指出：“中国式现代化，是中国共产党领导的社会主义现代化。”这是对中国式现代化定性的话，是管总、管根本的。坚持和加强党的领导，必须加强党的建设、从严管党治党。党风廉政建设和反腐败斗争是党的建设、全面从严治党的重要组成部分。《推进清廉湖南建设的意见》始终注重切实加强党的领导，强调“抓清廉湖南建设首重抓党的建设，全面建设清廉湖南必先全面从严治党”。推进清廉湖南建设，有利于湖南进一步加强党的领导、党的建设，从而为谱写中国式现代化湖南篇章提供最坚实的根本保证。

保障湖南干部改进作风，更好发挥湖南干部在谱写中国式现代化湖南篇章中的重要作用。政治路线确定之后，干部就是决定性的因素。大量事实证明，一个地方的工作，成在干部作风，败也在干部作风；一个地方的事业，兴在干部作风，衰也在干部作风。清廉湖南建设十分注重干部作风建设，这有利于促进湖南干部不断改进作风，密切联系群众，实事求是、求真务实，力戒形式主义、官僚主义，真正做到不仅吃得苦、霸得蛮、耐得烦，而且过得硬，不仅想干事、能干

事、干成事，而且不出事。

保障湖南发展全过程人民民主，激发湖南人民众志成城谱写中国式现代化湖南篇章的热情。人民民主是社会主义的生命，是全面建设社会主义现代化国家的应有之义。全过程人民民主是社会主义民主政治的本质属性，发展全过程人民民主是中国式现代化的一个本质要求。人民民主要求干部牢记，“权为民所赋、权为民所用”，为人民服务、对人民负责、受人民监督，不作威作福、不损公肥私、不贪赃枉法。腐败是政治之癌，侵蚀民主政治基础，损害人民群众利益，严重威胁人民群众的主人翁地位。清廉湖南建设兴清廉、除腐败，坚持走好新时代群众路线，有利于促进湖南干部保持人民公仆本色，保障人民当家作主，调动湖南广大人民群众投身现代化新湖南建设的积极性、主动性、创造性，形成三湘儿女共同奋力谱写中国式现代化湖南篇章的生动局面。

保障湖南和谐安宁，为谱写中国式现代化湖南篇章创造良好社会条件。社会和谐是中国特色社会主义的本质属性。腐败危害社会公平正义、削弱人们对政府和法律的信任、激化社会矛盾，是一些群体性事件的导火索。特别是黑恶势力及其保护伞，严重威胁社会和谐稳定。党的十九大后开展的扫黑除恶专项斗争，一个重要特点就是把扫黑除恶与反腐败结合起来，与基层“拍蝇”结合起来，既打击黑恶势力，也抓背后的“保护伞”。清廉湖南建设有利于维护社会公平正义，有利于进一步打掉黑恶势力的保护伞，改善党群关系与干群关系，建设更高水平的平安湖南，促进湖南人民安居乐业。

二、保障湖南进一步全面深化改革，强化奋力谱写中国式现代化湖南篇章的动力

全面深化改革是推进中国式现代化的根本动力。习近平总书记 2020 年 9 月考察湖南时，嘱托湖南要打造内陆地区改革开放高地等三

个高地；2024 年 3 月考察湖南时，嘱托湖南要在打造内陆地区改革开放高地等三个高地上持续用力。党的二十届三中全会通过的《中共中央关于进一步全面深化改革、推进中国式现代化的决定》（以下简称“二十届三中全会《决定》”），是新时代新征程上推动全面深化改革向广度和深度进军的总动员、总部署。在此背景下，湖南打造内陆地区改革开放高地更加迫切。从中外改革历史与现实看，清廉建设事关改革全局，清廉湖南建设对湖南进一步全面深化改革、打造内陆地区改革开放高地、奋力谱写中国式现代化湖南篇章具有重要保障意义。

保障湖南进一步全面深化改革开路破局，改得动。新时代全面深化改革是一场深刻革命，说易行难。难就难在中国改革经过几十年，已进入深水区和攻坚期，“容易的、皆大欢喜的改革已经完成了，好吃的肉都吃掉了，剩下的都是难啃的硬骨头”。一方面，有的干部长期习惯于享受特权、以权谋私、损公肥私，而改革意味着扎紧制度笼子、规范公共权力、健全市场秩序、遏制特权现象，因此，他们会明里暗里抵制改革、拖延改革。特别是一些腐败分子，担心改革断了他们的财路，对改革阳奉阴违甚至反对改革。推进清廉湖南建设，特别是坚持“老虎”“苍蝇”一起打，做到有腐必反、有贪必肃，有助于除掉改革的“拦路虎”“绊脚石”。另一方面，体制机制的顽瘴痼疾、利益固化的樊篱，都是迫切需要改革的难题，同时也面临着很大的改革阻力。进一步全面深化改革，更是如此。改革是利益调整的过程。一些干部不愿改革、不敢改革甚至阻碍改革，很大程度上是害怕自身以及所在群体的既得利益受损。不容忽视的是，虽然人民群众对一些个人与部门的不当既得利益十分不满，但它们固若金汤，很难撼动，甚至愈演愈烈。一个重要原因就是这些利益通过制度化甚至法律化，实现了所谓“正当化”，从而增强了其存在的刚性。在这一意义上，改革难，不只是难在触动利益，更难在触动固化利益的制度。推进清廉湖南建设，特别是加强对制度本身的廉洁性评估，有助于扫除改革的制度障碍，促进突破利益固化樊篱、攻克体制机制痼疾，是打开改革局面的一招妙棋。

保障湖南进一步全面深化改革风清气正，改得好。邓小平指出："我们要反对腐败，搞廉洁政治，不是搞一天两天、一月两月，整个改革开放过程中都要反对腐败。""做几件使人民满意的事情。主要是两个方面，一个是更大胆地改革开放，另一个是抓紧惩治腐败。""我们一手抓改革开放，一手抓惩治腐败，这两件事结合起来，对照起来，就可以使我们的政策更加明朗，更能获得人心。"在习近平总书记看来，"如果我们党不是一以贯之高度重视党风廉政建设、坚决反对腐败，我国经济社会发展不可能取得这么大的成就，改革发展稳定大局也不可能得到巩固"。他还在十八届中央纪委三次全会上发表重要讲话明确指出，各项改革举措要体现惩治和预防腐败要求，与防范腐败同步考虑、同步部署、同步实施，堵塞一切可能出现的腐败漏洞，保障改革健康顺利推进。这些重要论述，深刻说明了反腐倡廉对改革的极端重要性。之所以要"一手抓改革开放，一手抓惩治腐败"，之所以"各项改革举措要体现惩治和预防腐败要求"，主要就在于改革不仅是利益调整的过程，而且是制度转型、格局重塑的过程，在旧制度、旧格局被打破但新制度、新格局尚未建立健全之际，腐败易发高发。因此，改革是必需的，以廉洁方式进行改革更是必需的；必须最大限度减少改革领域中的腐败，绝不能打着改革的旗号搞腐败。习近平总书记曾指出："要吸取过去国企改革经验和教训，不能在一片改革声浪中把国有资产变成谋取暴利的机会。"推进清廉湖南建设，特别是把清廉湖南建设融入湖南进一步全面深化改革的各方面全过程，有助于防止改革异化、走样，有助于避免改革过程中出现大面积、系统性的腐败问题，保障人民群众更多更公平地共享改革红利。

三、保障湖南高质量发展，提升奋力谱写中国式现代化湖南篇章的实效

发展是党执政兴国的第一要务，是解决我国一切问题的基础和关键。高质量发展是中国式现代化的必然要求，是全面建设社会主义现代化国家的首要任务，是新时代的硬道理。习近平总书记嘱托湖南坚持高质量发展不动摇，在推动高质量发展上闯出新路子。那么，如何在推动高质量发展上闯出新路子呢？答案当然很多，但可以肯定，干部在遵规守纪、清正廉洁前提下担当作为，推动经济社会廉洁发展是“新路子”的题中之义，而绝不可能是“上一批项目，倒一批干部”“大楼建起来，干部倒下去”。总体而言，清廉湖南建设保障湖南高质量发展主要表现在两个方面：一方面是保障湖南优化发展环境

专栏 1-7

以新发展理念引领高质量发展

发展理念是发展行动的先导，发展理念是否对头，从根本上决定着发展成效乃至成败。习近平总书记指出，新时代抓发展，必须更加突出发展理念，坚定不移贯彻创新、协调、绿色、开放、共享的新发展理念。

高质量发展，是能够很好满足人民日益增长的美好生活需要的发展，是体现新发展理念的发展，是创新成为第一动力、协调成为内生特点、绿色成为普遍形态、开放成为必由之路、共享成为根本目的的发展。

（资料来源：中共中央宣传部编《习近平新时代中国特色社会主义思想学习纲要（2023 年版）》，学习出版社、人民出版社 2023 年版。）

特别是营商环境，这侧重高质量发展的外在条件；另一方面是保障湖南以新发展理念引领高质量发展，这侧重高质量发展的内在要素。

保障湖南优化发展环境特别是营商环境，以发展环境新优势催生高质量发展新动能。发展环境特别是营商环境建设是一项助推高质量发展的“硬核工程”。高质量发展不可能一蹴而就，它需要良好的发展环境。营商环境是发展环境的集中体现，不仅是至关重要的“软实力”，而且能催生“硬实力”。市场主体往往根据营商环境的好坏来决定是否投资置业。清廉与否是衡量营商环境的基础性、关键性指标，清廉指数备受市场主体关注。习近平总书记指出，优化营商环境要一手抓改革，打通制约高质量发展的堵点卡点；一手抓干部教育管理，引导干部增强大局意识、服务意识、诚信意识、廉洁意识。清廉湖南建设注重以深化改革促进公权力廉洁运行，强调严格干部教育管理，有利于湖南锲而不舍地向干部不作为、慢作为、乱作为、不善为、吃拿卡要、官商勾结等现象说“不”，提高湖南清廉指数；有利于促进湖南党政机关转变管理方式，精简办事流程，优化政务服务，提升工作效能，营造市场化、法治化、国际化营商环境；有利于促进企业安心专注“谋经营”，降低运行成本，摆脱“请客送礼”“搞关系”等负担，净化政商关系，做到“亲”“清”统一；有利于湖南把营商环境打造成高质量发展的亮丽名片和造福子孙后代的“金饭碗”，让越来越多的经营主体看好湖南、投资湖南、拥抱湖南、扎根湖南，促进湖南招商引资，促进湖南企业持续健康发展，使湖南经济实力更强。

保障湖南创新发展，加快打造具有核心竞争力的科技创新高地。科学技术是第一生产力。科技创新是发展新质生产力的核心要素。推进中国式现代化，科学技术要打头阵，科技创新是必由之路。谱写中国式现代化湖南篇章，必须做好科技创新这篇大文章，必须以清廉湖南建设保障湖南创新发展。对比“透明国际”发布的《2024 年清廉指数》与世界知识产权组织发布的《2024 年全球创新指数报告》发现，清廉指数排名前二十的国家或地区中，19 个同时位列全球创新指数前三十名，占比超过 90%。清廉建设有助于创新，腐败则会抑制创新特别是原始创新。腐败刺激企业通过找关系、贿赂获得市场份额，而不是通过加强研发与创新、提高产品质量来赢得客户；刺激科技人员通过找关系、贿赂获得立项、通过结项，而不是沉下心来做研发。推进清廉湖南建设，有利于湖南企业、湖南科技工作者坚持走正道，心无旁骛搞创新，产出更多标志性科技成果，增强湖南科技实力与核心竞争力；有利于湖南斩断伸向科技领域的“黑手”，避免科技项目与科研经费不当投放，保证科研经费用在刀刃上；有利于湖南加强科技人才队伍建设，减少科技人才领域的“逆淘汰”现象，培养、造就、留住、引进更多高层次科技人才特别是领军人才，为湖南建设科技强省、打造具有核心竞争力的科技创新高地夯实人才基础。

保障湖南物质文明和精神文明协调发展，摒弃“腐败亚文化”。中国式现代化是物质文明和精神文明共同发展的现代化。物质富足、精神富有是社会主义现代化的根本要求。物质贫困不是社会主义，精神贫乏也不是社会主义。清廉湖南建设坚持一体推进不敢腐、不能腐、不想腐，注重新时代廉洁文化建设，有利于强化湖南干部群众的清廉意识，提高湖南文明程度，让以清为美、以廉为荣、以贪为耻在三湘大地蔚然成风，让“封妻荫子”“有权不用，过期作废”“法不责众”“笑贫不笑娼”等陈旧落后观念与现象在湖南没有市场。

保障湖南绿色发展、山清水秀。中国式现代化是人与自然和谐共生的现代化。三湘四水钟灵毓秀，人杰地灵。陕西秦岭违建别墅严重破坏生态案、青海木里矿区生态破坏案、湖南洞庭湖下塞湖非法矮围案等案例都深刻表明，政治生态事关自然生态，必须以风清气正的政治生态守护山清水秀的自然生态。特别是随着美丽中国建设、美丽湖南建设的推进，投入生态环境领域的公共资金和赋予生态环境部门的权力剧增，生态环境领域干部被围猎的可能性也剧增。清廉湖南建设有助于深入解决湖南生态环境领域的不正之风与腐败问题，特别是湿地非法采砂等问题背后的腐败和作风问题，清除湖南生态环境领域的害群之马，是美丽湖南建设的重要保障。

保障湖南开放发展，降低“走出去”的廉洁风险。开放是中国式现代化的鲜明标志。谱写中国式现代化湖南篇章，必须以更宽视野、更大力度开放。腐败是人类公敌，反腐败是世界各国面临的共同任务。既不能在境内腐败，也不能在境外腐败。党的二十届三中全会明确要求“出台反跨境腐败法”。跨境腐败是对外经济合作的重大阻碍，是影响高水平对外开放和良好营商环境营造的重要因素。推进清廉湖南建设特别是清廉企业建设，有利于增强湖南市场主体特别是“走出去”企业廉洁经营的意识与能力。

保障湖南共享发展、共同富裕。《管子》云：“凡治国之道，必先富民。”共同富裕是中国特色社会主义的本质要求，是中国式现代化的重要特征。中国式现代化是全体人民共同富裕的现代化，绝不能出现“富者累巨万，而贫者食糟糠”的现象。清廉湖南建设有利于创造共享发展的制度环境，促进人民群众更加公平公正地享受发展成果，增强人民群众的获得感、幸福感。

第 2 章

清廉湖南建设的生动实践

反腐倡廉永远在路上。你们对金融、涉矿涉砂、工程项目等重点领域进行专项整治，抓到了点子上，要继续抓下去。

——2020 年 9 月 16 日至 18 日，习近平总书记在湖南考察时的讲话党的十八大以来，在以习近平同志为核心的党中央坚强领导下，湖南省委坚决扛起管党治党政治责任，锚定营造山清水秀政治生态目标不动摇，反腐败、除顽瘴，立规矩、树新风，一年接着一年抓，一仗接着一仗打，坚定不移推进全面从严治党向纵深发展、向基层一线和群众身边延伸，反腐败斗争取得压倒性胜利并全面巩固，进入到发现一起查处一起的常态化阶段，全省政治生态持续净化，党风政风气象更新。清廉湖南建设措施实、进展快、影响大，在湖南深入推进全面从严治党、党风廉政建设和反腐败斗争进程中发挥了重要作用。

第一节

“约法三章”落实中央八项规定精神

制定实施中央八项规定，是我们党在新时代的徙木立信之举，新时代全面从严治党由此开局破题。八项规定一子落地，作风建设满盘皆活。湖南省委坚持不懈落实中央八项规定及其实施细则精神，驰而不息纠治形式主义、官僚主义、享乐主义、奢靡之风等“四风”，推动党风政风持续好转。

一、坚决整治违规吃喝

“历览前贤国与家，成由勤俭破由奢。”“小酒天天醉，喝坏了党风喝伤了胃。”干部吃吃喝喝看似是小问题，但在吃喝之间失去的却是党心民心，严重影响党在人民群众中的形象。

党的十八大以来，湖南省在从严限制公务接待饮酒方面进行积极探索，出台“最严禁酒令”，坚决向公务接待饮酒陋习说“不”。2015 年 9 月，湖南省委办公厅、省政府办公厅印发《关于重申和严明

专栏 2-1

2024 年湖南查处违反中央八项规定精神问题 15 256 起

项目		查处问题数	批评教育帮助和处理人数	党纪政务处分人数
总计		15 256	25 130	21 089
级别	厅局级	20	22	21
	县处级	587	651	511
	乡科级	14 649	24 457	20 557

（资料来源：三湘风纪网。）

党政机关公务接待有关纪律规定的通知》，要求自觉革除饮酒陋习，党员领导干部在公务活动中要带头不喝酒、不劝酒，工作日中餐一律不得饮酒。2018 年 4 月，湖南省委、省政府印发《关于开展违反中央八项规定精神突出问题专项治理的工作方案》，在全面贯彻落实中央八项规定精神的基础上，进一步严明纪律和规矩，针对违规公款吃喝、违规配备使用办公用房、违规收送红包礼金（含礼品、礼金、有价证券等）三个方面的突出问题"约法三章"，即严禁违规公款吃喝、严禁违规配备使用办公用房、严禁违规收送红包礼金，具体包括 13 条明确规则。对顶风违纪的，一律先免职后处理。2021 年，湖南省纪委监委出台《整治违规吃喝隐形变异"十严禁"》。同年，开发建设"互联网 + 监督"平台公务用餐监督子系统。2024 年，湖南省查处违规公款吃喝问题 652 起，给予党纪政务处分 930 人。

经过这些年锲而不舍的绵绵用力，湖南的公务餐桌越来越清爽，公务接待越来越规范，遵规守纪、尚俭戒奢新风尚逐渐形成。

专栏 2-2

湖南史上最严“限宴令”

2013 年 11 月 1 日，号称湖南史上最严“限宴令”的《关于党和国家工作人员操办婚丧喜庆事宜的暂行规定》开始实施。“限宴令”的主要内容可以概括为“不准办”“不准收”“不准送”三方面。“不准办”，指婚事新办、丧事简办，其他喜庆事宜一律不办；“不准收”和“不准送”，指不允许收受除亲戚外其他人的礼金，也不允许向党员和公职人员送礼。

一组数据见证“限宴令”成效：2018—2022 年，全省查处大办婚丧喜庆问题数分别为 418 起、262 起、103 起、100 起、167 起，党纪政务处分人数分别为 333 人、205 人、89 人、86 人、83 人。

（资料来源：三湘风纪网。）

二、深入治理“红包风”“送礼风”

领导干部违规收送红包礼金不仅是滋生腐败的陋习，而且是搞小圈子小团伙的重要媒介，严重污染政治生态。湖南省委、省政府明确要求：“严禁违规收送红包礼金”；“拒收不了的要及时上交组织并报告送礼人情况”。2018 年 8 月，湖南省纪委印发《关于撤销廉政账户严禁违规收送红包礼金的通知》，明确全省统一撤销各级廉政账户，严禁违规收送红包礼金，对违规收送红包礼金的，一律先免职后处理。对党员干部、公职人员因特殊情况未能拒收的红包礼金，各级均建立登记上交制度，彻底掐断违规收送红包礼金的“缓冲带”。

经过持续整治，湖南党员干部违规收送红包礼金问题已大为减少，但仍未杜绝。从前些年湖南省纪委查处的案件来看，涉嫌严重违纪违法的干部大都有收送红包礼金的问题。为纵深推进全面从严治党，进一步贯彻落实中央八项规定及其实施细则精神，以更大力度防治风腐一体问题，2022 年上半年，湖南在全省范围内继续深化整治领导干部违规收送红包礼金问题。明确“自查从宽、被查从严”原则，探索设立两个半月的自查自纠“窗口期”，凡是当年 6 月 30 日前主动上交违规收受红包礼金的，视为主动整改；对不主动上交或在自查自纠后仍违规收送红包礼金的，一律先免职再从严查处。专项整治期间，全省 18.5 万名党员领导干部向组织作出不收送红包礼金的承诺。

2023 年，结合深入推进学习贯彻习近平新时代中国特色社会主义思想主题教育和纪检监察干部队伍教育整顿，湖南省纪委监委开展“两带头五整治”纠风防腐专项行动，充分发挥领导干部和纪检监察干部落实中央八项规定精神、改进工作作风的示范带头作用，严肃整治党员干部和公职人员违规吃喝、违规收送礼品礼金、违规旅游、打牌赌博、酒后驾车等五类作风顽疾。对专项行动期间发生的违规吃喝、违规旅游、打牌赌博、酒后驾车问题，一律查清事情原由、关联人员、事发场地、问题性质；对违规收送红包礼金问题，一律兑现先免职再从严查处。在 2023 年专项行动中，全省共查处公职人员违规收送礼品礼金等五类问题 5750 起，处理处分 4910 人。2024 年，湖南省查处违规收送名贵特产和礼品礼金问题 3889 起，给予党纪政务处分 4267 人。

三、大力纠治形式主义、官僚主义

针对落实党中央重大决策部署反应慢、喊口号、搞变通，文山会海、督查检查考核过多过频等突出问题，湖南省委于 2019 年出台《湖南省集中整治形式主义官僚主义 20 条措施》，2020 年出台《湖南省深化整治形式主义官僚主义10条措施》。2023年，湖南省委出台《湖南省深化整治“文山会海”等形式主义官僚主义突出问题的具体措施》，明确“十二个不得”，大力整治村级“滥挂牌”、违规征订报刊等加重基层负担问题。2024年4月和6月，湖南省组织开展“千名乡村书记评减负”和“千名村（社区）党组织书记评为村干部减负”调查。两次电话调查对比，认为本地减负赋能工作“很有效”的

专栏 2-3

湖南出招整治“文山会海”——“十二个不得”！

一、不得突破年度文会总量管控、只减不增的要求。

二、不得随意制发配套文件。

三、各部门单位及议事协调机构不得向下级党委和政府发布指令性公文。

四、不得就相同或相近的事项层层重复开会。

五、不得随意提高会议规格、扩大会议规模。

六、不得召开冗长拖沓、不解决实际问题的会议。

七、不得未经批准随意编发、报送简报。

八、不得报送无实质内容和参考价值的报告。

九、不得搞突击式征求意见、重复交办任务或要报材料。

十、不得多头重复开展督查检查考核。

十一、不得过多过度设置政务App等移动互联网应用程序使用任务。

十二、不得随意将配套发文开会等作为考核评判贯彻落实情况的指标。

（资料来源：张璐《湖南出台深化整治“文山会海”等形式主义官僚主义突出问题的具体措施》，《湖南日报》2023年7月7日。）

从 66.9% 提高到 92.5%，认为工作负担“明显减轻”的从 70.3% 提高到 97.4%。2024 年，湖南省着力纠治形式主义为基层减负，全省纪检监察机关查处形式主义、官僚主义问题 7279 起，处理处分 12 557 人。

第二节

以“衡阳破坏选举案”为鉴着力净化政治生态

2012 年 12 月至 2013 年 1 月，湖南省衡阳市发生了以贿赂手段破坏选举的严重违纪违法案件。2014 年 1 月，习近平总书记在十八届中央纪委三次全会上就衡阳破坏选举案连声追问六个“到哪儿去了”：“这里面的共产党员到哪儿去了？”“市委和市政府到哪儿去了？”“当地人大领导班子和领导干部到哪儿去了？”“当地的纪委到哪儿去了？”“这些人的党纪国法观念到哪儿去了？”“这些人的良知到哪儿去了？”字字千钧，催人警醒。党的十八大以来，湖南在净化政治生态上狠下功夫，严肃惩治违反政治纪律政治规矩问题，锲而不舍拔“烂树”、治“病树”、正“歪树”，取得了浚其源、涵其林，养正气、固根本的效果。

一、全链条加强换届风气监督

换届风气始终是一个地方政治生态的晴雨表。衡阳破坏选举案发生之后，湖南历经多轮省市县乡党委和人大、政府、政协集中换届，相继出台号称“史上最严”的换届纪律规定，坚持越往后越严，旗帜鲜明整肃换届风气，以实际行动修复和净化政治生态。

2016 年是湖南省、市、县、乡四级党委换届之年。省委明确提出，要把铁的纪律贯穿全省四级换届的全过程，实行“三个一律”，即发现问题一律快查严办，一律通报曝光，一律上追一级；将“五类责任主体”进一步细化为十大类，实行全省“一盘棋”。省委常委会会议先后 16 次研究部署换届风气监督工作，对违规选人用人行为零容忍。即便是最基层的村级换届，湖南省纪委也设立巡回监督检查组，一竿子插到底，既查风气问题，又督各级履责，层层压实责任。

在 2021 年新一轮集中换届中，湖南省委坚持党委统一领导、上下分工负责、部门齐抓共管。全省纪检监察机关实行纪律教育、廉政把关、全程监督、执纪问责“四个从严”，聚焦中央纪委机关、中央组织部、国家监委 2021 年 1 月明确的“十严禁”纪律要求，跟进监督、精准监督、全程监督，严格落实重要情况第一时间上报和问题线索快速核查机制，对违纪问题露头就打、快查严办，形成强有力的震慑。省级换届期间，成立驻会监督组，强化 24 小时驻会监督和对周边场所的不间断明察暗访，严格落实出席率、住会率、就餐率“三率”100% 要求。

专栏 2-4

换届纪律要求——“十严禁”

1. 严禁结党营私
2. 严禁拉票贿选
3. 严禁买官卖官
4. 严禁跑官要官
5. 严禁个人说了算
6. 严禁说情打招呼
7. 严禁违规用人
8. 严禁跑风漏气
9. 严禁弄虚作假
10. 严禁干扰换届

（资料来源：中央纪委国家监委网站。）

二、坚决打掉“小圈子”“土围子”

针对一些干部不信组织信关系，热衷于组“小圈子”“小团伙”、搞政治攀附等问题，湖南省坚持以党的政治建设为统领，把党的政治纪律和政治规矩挺在前面，聚焦“七个有之”，严肃查处对党不忠诚不老实、阳奉阴违的“两面人”。2022 年 9 月 15 日，湖南省全面从严治党主题新闻发布会通报显示，过去十年来，全省立案审查调查存在违反政治纪律、政治规矩行为的案件 2543 件，处分 2852 人。2024 年，湖南省处分违反政治纪律人员 532 人。

腐败问题和政治问题往往相伴而生、相互交织、相互渗透。近年来，湖南紧盯政治问题与腐败问题交织的腐败现象，先后严肃查处了省公安厅原常务副厅长周符波、省政府驻上海办事处原主任王华平等

专栏 2-5

“七个有之”

“七个有之”是习近平总书记在十八届四中全会上对一些无视政治纪律和政治规矩的行为的总结归纳，具有很强的现实针对性。分别是：

搞任人唯亲、排斥异己的有之
搞团团伙伙、拉帮结派的有之
搞匿名诬告、制造谣言的有之
搞收买人心、拉动选票的有之
搞封官许愿、弹冠相庆的有之
搞自行其是、阳奉阴违的有之
搞尾大不掉、妄议中央的有之

（资料来源：中央纪委国家监委网站。）

腐败官员。永州市人大常委会原党组书记、副主任高建华，曾任永州市委副书记、政法委书记的唐湘林以及多名曾任县委书记的官员因拉帮结派搞“小圈子”被查处。为了正本清源，2022 年，永州市开展“镜鉴”以案促改专项行动，强化“关键少数”教育管理，推动持续净化修复政治生态。2024 年，湖南省严查姚述铭、印宇鹰等搞政治攀附、行贿买官案件。姚述铭被通报“是政治上攀附、经济上贪婪的典型”，印宇鹰被通报“对党不忠诚、不老实，在组织函询时不如实说明问题，为谋求政治升迁，跑官买官”。

三、突出加强对“关键少数”特别是“一把手”的监督

“一把手”是党的事业发展的领头雁，被赋予重要权力，担负着管党治党重要政治责任。近年来，湖南省始终把“一把手”作为监督重点，切实加强对其贯彻党的路线方针政策、执行民主集中制、选人用人、廉洁自律和执行制度等情况的监督。

2021 年 6 月 1 日，《中共中央关于加强对“一把手”和领导班子监督的意见》公开发布。这是我们党针对“一把手”和领导班子监督制定的首个专门文件。为落实党中央的部署要求，湖南省委专门印发《关于加强对“一把手”和领导班子监督的若干措施》，围绕强化上级党委（党组）对下级“一把手”和领导班子的监督、强化同级领导班子监督、强化纪检监察机关的专责监督、强化各项各类监督的贯通融合四大方面，实化细化了 28 项具体监督举措，进一步推动全面从严治党在湖南落实落细、见行见效。湖南省纪委监委出台《全省纪检监察机关加强“一把手”监督“十必严”》，对逾越底线的“一把手”露头就打、违纪必查。湖南省委巡视工作领导小组出台《加强对“一把手”巡视巡察监督的八条措施》，把“一把手”作为巡视巡察的重点。2024 年，湖南省留置“一把手”218 人，严肃查处了时任省工业

和信息化厅党组书记、厅长雷绍业及长沙市政协原党组书记、主席谢树林等人，揪出时任湘阴县委书记李镇江以股代贿、时任郴州市苏仙区委书记黄志文期权交易等新型腐败和隐性腐败问题。

第三节

以高质量监督保障高质量发展

习近平总书记强调，要强化政治监督，确保完整、准确、全面贯彻新发展理念。近年来，湖南着力在政治监督具体化、精准化、常态化上下功夫，督促各级党组织完整、准确、全面贯彻新发展理念，推动加快实现习近平总书记为湖南擘画的“三高四新”美好蓝图。

一、围绕“国之大者”加强政治监督

党中央重大决策部署到哪里，政治监督就跟进到哪里。近年来，湖南不断提高政治站位，对习近平总书记关于湖南工作的重要讲话和指示批示精神落实情况列出清单，健全台账管理、动态跟踪、限期办结、督查问责、“回头看”等闭环落实机制。聚焦粮食安全，持续开展粮食购销领域专项整治，严厉惩治粮食购销领域的腐败和不正之风。坚决向“带血的 GDP”亮剑，严查浏阳“12·4”、耒阳“11·29”等重大安全生产责任事故，全力配合中央纪委国家监委做好长沙“4·29”特别重大居民自建房倒塌事故追责问责工作，跟进监督全省居民自建房安全专项整治及“百日攻坚”行动，维护发展安全。2023 年，湖南省从严从快查处安乡县长期有组织弄虚作假套取中央惠农补贴案，处分 56 人。2024 年，湖南省纪委监委在全省开展

“树牢正确政绩观，推动高质量发展”主题监督，着力纠治 8 类政绩观错位、背离高质量发展要求的突出问题。湖南省纪委监委将洞口县棚改项目涉假造假案作为 2024 年政治监督重点案件，严肃查处洞口县委原书记艾方毅、县政府原县长周乐彬等贯彻落实党中央决策部署阳奉阴违、套取挪用棚改资金问题，88 名公职人员受到党纪政务处分，14 人被移送司法机关。

二、对政府债务风险防控开展专项监督

党的十八大以来，党中央高度重视防范化解金融风险，高度关注地方政府债务问题。习近平总书记强调，各级党委和政府要树立正确政绩观，严控地方政府债务增量。湖南省委、省政府认真落实党中央决策部署和习近平总书记重要指示精神，积极推动防范化解政府性债务风险，大力推进政府性债务管理改革，坚决守住不发生区域性系统性金融风险底线。2022 年，湖南省纪委监委将违规举债和虚假化债专项监督列为“第一专项监督”，组织对重点县（市、区）开展“解剖麻雀式”实地调研，推动促进政府投融资平台公司的转型和加强开发区的监管，督促各级党委和政府对政府性债务进行全面自查自纠，整改相关问题 730 个，涉及金额 1 507.8 亿元。2024 年深化违规举债、虚假化债专项监督，立案 201 件，处分 227 人。

三、着力解决影响营商环境的突出问题

近年来，湖南省委、省政府着力打造市场化、法治化、国际化营商环境，省委、省政府主要领导每年召开 1 次以上民营企业座谈会，推动市、县两级党政领导干部联系民营企业、商协会工作实现全覆盖。湖南省纪委监委锚定营商环境建设中的难点痛点堵点，出台《关于加强监督执纪问责推动整治损害营商环境突出问题的通知》，从政

令畅通、行政审批、政务服务、执法监管、法治保障、廉洁履职六个方面进一步明确监督重点。2021年，湖南省各级纪检监察机关共处置涉及营商环境问题线索1948件，立案查处1013件，处理1983人，其中给予党纪政务处分906人；2022年，监督促推稳住经济一揽子政策落实落细，查处损害营商环境问题1244个；2023年跟进监督长沙机场改扩建等“三个高地”标志性项目，查处损害营商环境问题1250个，处分834人；2024年开展优化营商环境专项监督，立案5511件，处分4790人。2024年是湖南全面落实优化营商环境三年行动计划的收官之年，出台了《湖南省优化营商环境条例》。与此前全国各地已出台的27个省级优化营商环境条例相比，湖南出台的条例有不少创新举措。如，创新法治保障机制方面，将涉企执法检查扫码登记制度纳入地方性法规，在全国属于首创。

专栏2-6

湖南营商环境建设的新成效

2020—2023年，在全国工商联发布的“万家民营企业评营商环境”结果中，湖南连续四年稳居全国省级前十，位列中西部第一，获营商环境“前10省份”和“前10最佳口碑省份”双称号。

2024年，湖南依托“一码一网一平台”，优化营商环境喜见成效。以“湖南营商码”全时全量收集诉求、“优化营商环境网”晒出典型案例、“省级优化营商环境一体化平台”限时交办整改问题，湖南累计受理经营主体营商诉求567件，办结514件。

（资料来源：郑旋、张尚武《湖南营商环境如何居全国前列——2024年经济社会发展系列述评之六》，《湖南日报》2025年1月7日。）

第四节

高举巡视巡察利剑形成强烈震慑

巡视是党内监督的战略性制度安排。以习近平同志为核心的党中央高度重视巡视工作。习近平总书记指出："明代以后有八府巡按，走到哪里，捧着尚方宝剑，八面威风。我们的巡视不是八府巡按，但必须有权威性，成为国之利器、党之利器。"湖南以省委巡视带市县委巡察，推进巡视巡察上下联动，突出问题导向，巡视巡察工作得到有力推进。

一、突出巡视巡察政治定位

党中央反复强调："巡视是政治巡视，不是业务巡视。"新时代湖南巡视工作紧扣习近平总书记关于"精准扶贫""守护好一江碧水"等重要讲话与指示批示精神，紧扣"三高四新"美好蓝图，聚焦政治生态、重点领域、关键少数特别是"一把手"，深化政治巡视，对原贫困县和扶贫牵头部门优先巡，对生态环境部门专项巡，对粮食购销领域三级联动巡，督促党组织和党员干部以实干实绩践行"两个维护"。

突出人民至上，充分发挥巡视巡察联系群众的纽带功能，坚持群众反对什么、痛恨什么，就重点巡视什么、纠正什么，推动解决群众"急难愁盼"问题。2024 年，湖南省紧紧围绕群众身边不正之风和腐败问题集中整治，扎实深入开展对村巡察，通过"专项巡察 + 专项整治"，发现群众身边不正之风和腐败问题 1.9 万个，移交问题线索 2457 件，推动立案 1325 人，给予党纪政务处分 931 人，移送司法机关 14 人。2024 年 11 月，中央巡视工作领导小组召开对村巡察工作推进座谈会，湖南为全国六个发言省份之一，在会上作交流发言。

二、巡视巡察实现全覆盖

2016 年，湖南首次实现巡视全覆盖。市州巡察制度逐步建立。十一届省委期间（2016 年 11 月—2021 年 11 月），再次实现巡视全覆盖，首次实现巡察全覆盖：开展十二轮常规巡视、四批机动巡视和“三大攻坚战”、工程建设项目招投标、涉粮问题等专项巡视；市县党委全面开展政治巡察，探索开展专项、提级、交叉、机动巡察，巡察党组织 1.38 万个，推动市县巡察向村（社区）延伸，如期实现全覆盖。十二届省委前三轮巡视覆盖 20 个县（市、区）、49 个省直单位、16 所高职高专院校，并开展违规举债和虚假化债专项巡视，共向纪检监察机关移交问题线索 374 件，其中涉及省管干部 81 名。2023 年，十二届省委第四轮巡视对全省 14 个市州和湘江新区常规巡视全覆盖，对市州纪委监委机关、组织部门同步提级巡视，同时省、市、县三级联动开展园区专项巡视巡察；第五轮巡视对长沙市雨花区等 30 个县（市、区）全面开展巡视。2024 年，完成 21 家省管企业、10 家省直单位、35 个县市区的常规巡视，首次与中央巡视办联动巡视金融单位，发现问题 2875 个，移交问题线索 641 件。

三、巡视巡察利剑作用凸显

坚持发现问题、形成震慑不动摇。发现问题是巡视巡察工作的生命线。十届省委期间，全省各级纪检监察机关立案审查的案件中，来自巡视的线索年均增长 71.7%。十一届省委期间，巡视巡察共发现问题 32.3 万个，移送问题线索 3.9 万件。2024 年，湖南省边巡边查“一把手”103 人。

狠抓巡视巡察整改。巡而不改，不如不巡。习近平总书记高度重视巡视整改和成果运用工作，明确指出，巡视发现问题的目的是解决问题，发现问题不解决，比不巡视的效果还坏。湖南省委带头把巡视整改抓在手上，出台巡视整改主体责任清单和市县巡察整改二十条措施，主动开展十九届中央巡视湖南整改落实情况“回头看”。省委巡视机构坚持与被巡视单位一起做工作，强化整改督查评估。2023 年，湖南省出台强化巡视整改和成果运用的措施办法，推动同类同改、未巡先改，加强巡视整改督查评估，追责问责搞虚假整改的 19 人。2024 年，继续强化巡视整改和成果运用，对市州全覆盖开展整改评估，通报整改不力典型问题 11 个，推动追责问责 75 人。

第五节

以雷霆之势反腐惩恶一刻不停

推进反腐败斗争，惩治始终很关键。近年来，湖南紧抓惩治腐败不放松，以雷霆之势与霹雳手段，持续传导全面从严治党压力，充分彰显反腐败全覆盖、无禁区、零容忍的坚定决心。

一、以零容忍态度惩治腐败

没有零容忍就谈不上高压态势，震慑力就会大打折扣。近年来，湖南坚持有腐必惩、有案必查，坚定不移打“老虎”、拍“苍蝇”、猎“狐狸”，持续加大惩治腐败力度。2024 年，湖南省检察机关起诉职务犯罪 885 人，其中厅局级以上领导干部 36 人，县处级领导干部 131 人；湖南省各级法院审结贪污贿赂、渎职等职务犯罪案件 679 件 802 人，严惩行贿犯罪 104 件 130 人。

坚持全覆盖、无盲区，坚决惩治政法、国企、金融、工程建设等重点领域和关键环节腐败问题。2019 年，湖南省深挖彻查新晃侗族自治县"操场埋尸案"，19 名涉案公职人员被依纪依法严肃处理，引发社会广泛关注。在扫黑除恶专项斗争中，湖南省重拳打击涉黑涉恶腐败，除彻查"操场埋尸案"外，深挖文烈宏案、尚同军案等重大案件中的腐败问题，打掉了一批"保护伞"，人民群众拍手称快。2021 年，全国开展政法队伍教育整顿，湖南省先后查处王成良、李微、刘建宽等退休和在职政法系统领导干部。2023 年，在省管企业"靠企吃企"问题专项整治中，查处省管企业各级"一把手"违纪违法案件 188 件，挖出陈纪明、李勤等一批国企"蛀虫"。2024 年，湖南省深化省管企业"靠企吃企"专项整治，查处 1008 人，留置 15 人；查处园区领域 1332 人，留置 63 人。在高压反腐震慑和政策感召下，2024 年湖南省主动投案 1218 人，主动交代问题 8297 人。

专栏 2-7

2024 年湖南省纪检监察机关"反腐成绩单"

2024 年，湖南省各级纪检监察机关立案 69 685 件、处分 64 734 人、留置 1573 人，同比分别增长 123.3%、114.4%、28%，其中省纪委监委立案查处省管干部 87 人。

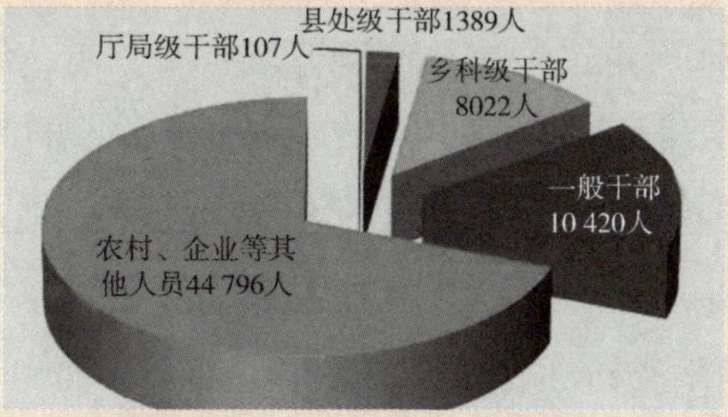

（资料来源：三湘风纪网。）

二、坚持受贿行贿一起查

行贿不查，受贿不止。行贿人不择手段“围猎”党员干部是当前腐败增量还在持续发生的重要原因。习近平总书记反复强调，坚持受贿行贿一起查。

为了从源头上斩断腐败利益链，湖南省在全国率先探索实施行贿人“黑名单”制度，建立行贿人信息库，供有关部门和单位在项目招投标、公司上市以及资质认定等方面进行查询。建立行贿人联合惩戒机制，由纪检监察机关牵头，审判、检察、公安、发改、住建、市场监管、金融监管等单位各司其职，相互配合，运用具结悔过、行政处罚、资质限制、刑事处理等多种方式予以惩戒，让行贿人付出代价。2021 年至 2022 年 8 月，通过三湘风纪网等媒体连续四期公开通报 29 起行贿典型案例，在社会上引起强烈反响。2024 年，湖南省纪检监察机关查办行贿人 1052 人、留置 566 人，持续有力释放了“让行贿人付出代价、让‘围猎者’接受严惩”的强烈信号。

三、做好案件查办“后半篇文章”

近年来，湖南省立足标本兼治，每问责或查办一起重要案件，都形成剖析材料、开展警示教育、提出纪检监察建议书。2021 年，湖南省纪委监委对 2020 年被查处的 3 名市委原书记、3 名县委原书记、3 名纪检监察干部严重违纪违法问题开展类案剖析，纳入相应领导班子民主生活会开展同级同类警示教育。2022 年，编印党的十九大以来被查处的“一把手”政治生态反思材料集。为更好地发挥身边人、身边事的警示教育作用，湖南省每年拍摄省管干部被查等警示教育片。2023 年以来，湖南省株洲、湘潭、常德、娄底、郴州等地开展了“镜鉴”以案促改专项活动。2023 年，中共湖南省委全面从严治党教育中心、湖南反腐倡廉警示教育馆在中共湖南省委党校（湖南行政学院）高质量建成。2024 年，湖南省有 8 万余名党员干部到省反腐倡廉警示教育馆接受教育。

专栏 2-8

湖南反腐倡廉警示教育馆

2023 年 12 月，湖南高质量建成反腐倡廉警示教育馆，集中展示党的十八大以来湖南省贯彻落实习近平总书记关于党的自我革命的重要思想、推进正风肃纪反腐的实践和成效，深入剖析湖南省查处的部分严重违纪违法典型案例，打造湖南省党员干部廉政教育主基地。

（资料来源：三湘风纪网。）

第六节

“三湘护农”护航脱贫攻坚和乡村振兴

2013年11月3日，习近平总书记在湖南省湘西自治州花垣县十八洞村首次提出“精准扶贫”，引领推动全国上下打响脱贫攻坚战。湖南省始终牢记习近平总书记殷切嘱托，坚决贯彻党中央决策部署，以“雁过拔毛”式腐败问题专项整治开局，深入推进脱贫攻坚、乡村振兴领域腐败和作风问题专项治理。

一、专项整治“雁过拔毛”式腐败

“雁过拔毛”式腐败是基层腐败的典型表现形式，主要指基层干部在资金分配、审批审核以及管理基层事务中，优亲厚友、吃拿卡要、虚报冒领、盘剥克扣、强占掠夺、贪污挪用、收受贿赂等滥用职权侵害群众切身利益的行为。2016年3月，湖南省委办公厅、省政府办公厅印发《湖南省“雁过拔毛”式腐败问题专项整治工作方案》，成立专项整治领导小组，从纪检、财政、农委、审计等单位抽人组建省专项整治办，全面统筹专项整治工作。2016年，省专项整治办以“重点问题线索100件”的形式，全年分四批挂牌督办问题线索共371件，查实232件，查处514人。永州、郴州等地开展的“纪委喊你来领钱”活动广受群众欢迎，相关做法在全省推广。“雁过拔毛”式腐败问题专项整治期间，全省共发现问题线索56 840件，立案14 944件，处理31 454人，退还群众资金16 044.51万元，点名道姓公开曝光典型案件6310起。

二、“一季一专题”护航脱贫攻坚决战决胜

2018 年，中央纪委部署开展扶贫领域腐败和作风问题专项治理。在开展全省扶贫领域“雁过拔毛”式腐败问题专项整治的基础上，湖南紧扣脱贫攻坚“五个一批”措施，分产业扶贫、生态扶贫、易地搬迁扶贫、教育扶贫、社会保障兜底五个专题，“一季一专题”集中治理扶贫领域腐败和作风问题。2018 年 4 月 24 日，湖南省委召开全省扶贫工作暨“作风建设年”动员大会，印发《中共湖南省委　湖南省人民政府关于开展扶贫领域作风问题专项治理工作的通知》，进一步加强组织领导，并将扶贫领域腐败和作风问题专项治理工作纳入脱贫攻坚工作考核。同年 5 月，湖南省委对脱贫攻坚不力的隆回、汝城县委主要负责人进行了调整，在全省贫困县领导干部队伍中产生强烈反响。湖南省纪委监委深化运用“重点监督一批、直查直办一批、挂牌督办一批、约谈问责一批、通报曝光一批”措施，重点督促办理扶贫领域典型案件。全省扶贫领域腐败和作风问题专项治理期间，发现扶贫领域腐败和作风问题线索 95 813 件，查处案件 17 930 件，处理 53 862 人，其中给予党纪政务处分 15 521 人，移送司法机关 789 人，追缴违纪资金 8.38 亿元，退还群众资金 2.04 亿元。

三、“三湘护农”助力全面推进乡村振兴

脱贫攻坚全面胜利后，湖南省工作不断档，推动巩固拓展脱贫攻坚成果同乡村振兴有效衔接。2021 年 7 月，湖南省纪委监委部署在全省开展“一县一清单”监督、“一领域一专题”治理。2022 年 5 月，召开全省乡村振兴重点帮扶县和示范创建县座谈会，对重点帮扶县监督工作再调度、再推进。2023 年，新一届中央纪委将开展乡村振兴领域不正之风和腐败问题专项整治作为谋篇开局的一项重要工作，专门下发《关于开展乡村振兴领域不正之风和腐败问题专项整治的意见》

（中纪办发〔2023〕1号），对监督保障全面推进乡村振兴工作提出明确要求。湖南省纪委监委落实党中央和中央纪委、省委的部署要求，以“三湘护农”专项行动为主抓手，研究出台20条具体措施，紧盯农民的“钱袋子”、农村集体经济的“家底子”、粮食生产的“命根子”、涉农项目资金审批分配的“印把子”，以查办案件开路，打好监督“组合拳”。全年共查处乡村振兴领域不正之风和腐败问题8803个，处分5301人，揪出袁延文、唐建初等“靠农吃农”的腐败分子。2024年，湖南省深入开展“三湘护农”行动，纪检监察机关立案17 298件，处分17 653人。

第七节

“洞庭清波”坚决守护一江碧水

2018年4月25日，习近平总书记视察长江岳阳段，作出“守护好一江碧水”重要指示。近年来，湖南省坚决贯彻习近平生态文明思想，牢记“共抓大保护、不搞大开发”要求，在大力整治洞庭湖区下塞湖非法矮围问题的基础上，推进“一江一湖四水”系统联治，持之以恒打好污染防治攻坚战。按照湖南省委统一部署，省纪委监委牵头开展“洞庭清波”专项行动，深挖彻查突出生态环境问题背后的腐败和作风问题，为保卫蓝天、碧水、净土贡献清廉力量。

一、坚决整治下塞湖矮围问题

沅江市私营企业主夏某自2001年开始承包洞庭湖下塞湖等地3处湖洲，此后非法修建长达19公里的矮围和3座节制闸，将近3万亩洞庭湖水域圈成私家领地，在矮围内外大肆非法捕捞养殖、盗采砂石，严重影响湖区行洪，严重破坏湿地生态。但有的省直部门和地方党委政府态度不坚决、行动不积极、履职不到位，少数领导干部甚至严重违纪违法、失职渎职，为夏某违法行为提供帮助，充当“保护伞”，致使下塞湖矮围问题长期得不到有效整治。下塞湖矮围问题曝光后，湖南省委、省政府高度重视，态度坚决，采取有力措施，督促案发地党委、政府对下塞湖矮围进行整治，在 2018 年 6 月 20 日前将矮围全部清除。同时，由省纪委监委成立专案组予以彻查，对有关责任人员作出严肃处理，省畜牧水产局等 25 个单位的 62 名国家公职人员被问责，11 人被立案审查和监察调查。

二、大力开展“洞庭清波”专项行动

“予观夫巴陵胜状，在洞庭一湖。”范仲淹在名篇《岳阳楼记》中曾盛赞洞庭湖美景。洞庭湖被誉为“长江之肾”。洞庭湖区跨湘、鄂两省，其中涉及湖南省 6 市 38 个县（市、区），总面积 1.62 万平方公里，约占湖区总面积的 80%。曾经有一段时间，洞庭湖生态环境问题相当严峻。2017 年中央环保督察和 2019 年中央环保督察“回头看”均指出洞庭湖区污染防治工作存在短板，水环境问题突出。2019 年至 2020 年，由湖南省纪委监委牵头，会同省生态环境厅、省发展改革委、省住建厅、省农业农村厅、省水利厅，在环洞庭湖 4 市持续开展“洞庭清波”专项行动。从 2021 年开始，专项行动从环洞庭湖 4 市深化拓展到全省 14 个市州，整治内容从关停并转污染项目拓展到禁捕退捕、山水林田湖草系统的腐败和作风问题，推动全省“一江一湖四水”全流域系统治理。2023 年，湖南省持续拓展专项行动内涵，将“洞庭清波”、涉矿涉砂、禁捕退捕、尾矿库专项整治统一整合为“洞庭清波”常态化监督工作，实现从“治水”到“治水、治土、治气、治林、治煤、治砂、治矿、治渔”等全领域治理，实现蓝天、碧水、净土保卫战全面推进，形成齐心协力推进生态环境治理的浓厚氛围。2024 年，湖南省纪检监察机关在常态化推进“洞庭清波”专项行动中立案 870 件，处分 855 人。

三、监督推动“锰三角”治理和大鲵保护区小水电清理

2021 年 11 月印发的《中共中央　国务院关于深入打好污染防治攻坚战的意见》明确提出，“加强渝湘黔交界武陵山区‘锰三角’污染综合整治”。在“锰三角”治理中，湖南省纪委监委深入一线督查督办花垣县突出问题，推动对湘西州公职人员涉砂涉矿问题“大清查”，立案查处 16 人。在张家界大鲵国家级自然保护区小水电清理中，严查国家公职人员违规入股水电站等利益链问题，追责问责 81 人，推动 86 座涉改水电站全部如期完成整改。

第八节

专项整治“拉款子”“提篮子”“打牌子”

在湖南方言中，“拉款子”指的是帮银行拉存款，“提篮子”指的是空手套白狼的中间商行为，“打牌子”指的是打着领导干部旗号办事。一些人利用领导干部职权或者职务上的影响“拉款子”“提篮子”“打牌子”，是政治生态的重要污染源。湖南省坚持标本兼治、系统施治，针对这些突出问题大力开展专项整治，努力清除顽瘴痼疾，持续净化政治生态。

一、向金融领域腐败亮剑

金融是现代经济的核心。金融领域腐败对金融安全、经济安全造

成极大威胁。2017 年 2 月 6 日，湖南省委办公厅、省政府办公厅印发《关于禁止领导干部利用职权或者职务上的影响在金融活动中谋取私利的规定（试行）》。文件主要划出了“三条红线”：一是领导干部不得利用职权或者职务上的影响为配偶、子女及其配偶和其他特定关系人从事金融活动提供便利，不得为其前述人员在金融机构的薪酬、奖励、费用等方面谋取私利；二是领导干部之间不得利用职权或者职务上的影响相互为对方配偶、子女及其配偶和其他特定关系人从事金融活动提供便利；三是领导干部的配偶、子女及其配偶和其他特定关系人不得在领导干部管辖的区域、单位和业务范围内承揽金融业务，且不得获取相关的薪酬、奖励或者其他私利。

按照省委、省政府的部署要求，湖南各级纪检监察机关开展金融领域突出问题专项治理，对领导干部及其家属在金融领域从业情况进行全面查纠。2017 年，15 名厅级干部存在的相关问题得到纠正，一批在金融活动中谋取私利的案件得到查处，省纪委对 6 起典型案件进行通报。2018 年，深入开展领导干部在金融活动中谋取私利专项整治，探索可复制、可推广的经验，相关要求被纳入新出台的党内法规。2020 年，湖南省纪委监委向省管金融企业派驻纪检监察组。2024 年，时任湖南省委金融委员会办公室二级巡视员石涛，时任湖南省农村信用社联合社永州办事处党组书记、主任欧阳挺等被查处。

二、严禁领导干部利用职权或影响力谋取私利

2018 年 9 月，湖南省委办公厅、省政府办公厅印发《关于禁止利用领导干部职权或者职务上的影响“提篮子”谋取私利的规定》，对“提篮子”发出禁令。2019 年 7 月印发《关于坚决抵制和严肃查处利用领导干部名义“打牌子”办事的规定》，对各种“打牌子”现象划出红线，要求各级各部门对形形色色打着领导“牌子”找上门来办事

的，一律“不信、不见、不理、不办”，登记在案并向组织报告。近年来，湖南省纪委先后查处李晓宏、李可波、涂碧波等省管干部本人及其亲属、其他特定关系人“打牌子”的典型问题。

身边人出问题，根子还是在党员领导干部自己身上。2023年，湖南省纪委监委把领导干部利用职权或影响力为亲友牟利专项整治作为“第一监督”，出台《领导干部利用职权或影响力为亲友牟利专项整治工作方案》，查办龙晓华、王群等腐败案件，立案2042件，处分1460人，严肃查处了一批“裙带腐败”“衙内腐败”问题。2024年，湖南省将深化领导干部利用职权或影响力为亲友牟利专项整治作为易鹏飞、彭国甫、戴道晋等案件以案促改的重点内容，共立案4328件，处理处分4396人，留置500人，移送司法机关412人，严肃查处了范小新、谢树林、肖新平、雷绍业、叶新平等一批腐败典型。

三、坚决斩断招投标背后的贪腐链条

工程建设领域是政府人力、物力、财力相对集中的地方。项目招投标环节，围标、串标、陪标等“潜规则”盛行，是贪腐现象易发多发的“重灾区”。2020年4月，湖南部署在全省开展工程建设项目招投标突出问题专项整治。招投标市场违法违规主体往往比较隐蔽，一般性监督检查难以发现。在专项整治中，湖南省把大数据分析作为揭开“黑箱子”的利器。湖南省审计厅牵头对工程建设招投标开展大数据分析，筛选出大量违法违规问题线索。

在专项整治过程中，湖南省积极探索，先行先试，将存在行贿、串通投标等违法犯罪行为的公司和个人，纳入失信行为“黑名单”公开曝光，并对其依法实施限制参与工程建设项目招投标、政府采购活动等联合惩戒措施，使失信主体“一处失信，处处受限”。注重以案促改，压实监管部门责任，推动住建、发改等职能部门和公共资源交易中心修订完善施工及监理招标投标信用评价办法等一批制度，出台指导意见进一步明确招投标监管主体和监管责任等，推广标后履约人脸识别系统，推进公共资源交易全程电子化。高压态势下，业内人士纷纷反映，围标串标行为得到相当程度的遏制，从业人员有了“怕处”，自我约束意识更强。2024 年 10 月 12 日，湖南全省公共资源交易领域突出问题专项整治攻坚战动员部署会在长沙召开，这是全省工程建设项目招投标突出问题专项整治的升级版。截至 2024 年 12 月底，湖南省在该专项整治攻坚战中共查处 1211 人，对湖南省建设工程招投标管理办公室原主任徐德智等 77 名县处级及以上干部采取了留置措施。

第九节

“清廉社保”“清廉医保”牢牢看住民生奶酪

保障人民群众老有所养、病有所医是至关重要的民生大事，社保基金和医保基金涉及千家万户的切身利益。2021 年以来，湖南省在从严从快查办“衡南社保基金案”的基础上，以案为鉴、举一反三，在全省范围内开展社保基金、医保基金集中整治，各级纪检监察机关紧密跟进开展专项监督，坚决看紧管好老百姓的“养老钱”“看病钱”。

一、推进社保基金专项整治

2021 年 2 月 1 日，在衡南县一家银行的自动取款机上，该县人社局农保中心干部阳某等人持社保卡高频大量取款，触发报警系统，被公安机关抓获。案发后，公安机关将发现的公职人员有关问题移送纪检监察机关。鉴于该案性质恶劣、影响极坏，湖南省委明确由省纪委监委牵头，督促衡阳市纪委监委成立专案组，从严从快查处案件，并彻查该案背后的失职失责、违纪违法问题。在雷霆出击之下，该案很快被彻底查清，全额追缴被套取的社保基金 1789 万元，严肃查处涉嫌职务犯罪公职人员 11 人，问责 28 人。

痛定思痛，湖南省委、省政府深刻反思“衡南社保基金案”暴露的问题，从 2021 年 4 月下旬起，在全省范围内先后开展三轮城乡居民养老保险基金防风险堵漏洞专项整治及“回头看”。按照“党政主导、部门协同、乡村包干、分级负责”要求，全省人社、公安、卫健、民政、经办责任银行等单位紧密配合，省市县乡村五级大动员、大排查、大起底，对全省城乡居民参保情况、社会保障卡办理情况进行了全面排查。专项整治中，全省共查处案件 431 件，立案 310 人，移送司法机关 38 人，追回流失资金 5.7 亿余元。针对专项整治发现的社保基金监管制度落实不严、监管效能不强等问题，湖南省委、省政府以动真碰硬的果敢作风强监管、堵漏洞，出台《关于切实加强社会保险基金监管工作的意见》，着力建章立制，健全常态长效机制。

二、开展“清廉医保”专项监督检查

2021 年 7 月 8 日，湖南省政府印发《湖南省开展打击欺诈骗保套保挪用贪占医保基金集中整治工作方案》，全面开启打击欺诈骗保套保、挪用贪占医保基金集中整治工作。7 月 20 日，湖南省纪委监委印发《“清廉医保”专项监督检查实施方案》，启动全省医保基金领域专项监督检查工作。各级纪检监察机关紧盯定点医疗机构、药店、医药企业、职能部门等，向欺诈骗保、过度医疗、医药回扣、贪污挪用等顽瘴痼疾亮剑，狠抓问题线索处置和案件查办，找准监督切入点和着力点，守护好人民群众每一分“养老钱”“保命钱”和每一笔“救助款”“慈善款”。2024 年，湖南省纪检监察机关查处医疗医药医保领域贪腐人员 1478 人，留置 187 人。

在专项监督中，纪检监察机关坚持系统施治、标本兼治，督促医保部门先后出台《湖南省医疗机构医疗保障定点管理实施细则（试行）》《湖南省零售药店医疗保障定点管理实施细则（试行）》等制度文件，全面规范医保基金使用监督管理，有效堵塞医保基金监管漏洞。同时，推动相关职能部门立行立改。如针对老百姓在买药、看病、就医等方面的痛点问题，推动省医保局出台文件，取消特殊门诊药店总量及地域限制，简化报销手续，使省本级特殊门诊药店分布范围从长沙扩大到全省各地，为老百姓购药提供了很大便利。

三、监督治理群众急难愁盼问题

民生无小事。湖南省坚持什么问题突出就坚决查处什么问题，先后开展一系列专项整治，切实解决群众急难愁盼问题。2019 年以来，湖南省纪委监委开展“纪委为您来解难”带件走基层活动，主动征集处置民生领域问题线索，每年挂牌督办 100 件重点案件。聚焦教育领域突出问题，省、市、县三级联动，先后开展中小学违规征订教辅材料、学校食堂问题等一系列专项整治。针对利用公共资源谋私贪腐突出问题，组织开展“学位、床位、车位、厕位”重点整治，严查划分学位、安排床位、审批车位、改造厕位等过程中优亲厚友、吃拿卡要、谋私敛财等问题。2024 年，根据中央纪委统一部署，湖南在全省开展群众身边不正之风和腐败问题集中整治，以超常举措查处群众身边风腐问题 57 575 个，处分 59 954 人，移送司法机关 614 人。中央纪委国家监委、湖南省纪委监委联合提级查办隆回县两任县委书记收受贿赂，放任不良商家将劣质米掺进学生营养餐案件。湖南省各级纪检监察机关加强类案查处，推动学生营养餐真正成为良心餐、放心餐。2024 年，湖南省各市县因地制宜抓好 466 件重点民生实事，带动解决 4.8 万余个民生痛点难点问题。一件件群众关注的揪心事、烦心事解决了，一批批群众期盼的暖心事、顺心事办好了，人民群众的获得感幸福感持续提升。

第 3 章

推进清廉湖南建设的总体要求

要始终保持反腐败永远在路上的坚韧执着，保持战略定力和高压态势，一步不停歇、半步不退让，一体推进不敢腐、不能腐、不想腐，坚决打好这场攻坚战、持久战、总体战。

——2025 年 1 月 6 日，习近平总书记在二十届中央纪委四次全会上的讲话在新征程上深入推进清廉湖南建设，必须坚持以习近平新时代中国特色社会主义思想为指导，全面贯彻落实党的二十大和二十届二中、三中全会精神，深入学习贯彻习近平总书记关于党的建设的重要思想、关于党的自我革命的重要思想、关于湖南工作的重要讲话和指示批示精神，深刻领悟“两个确立”的决定性意义，增强“四个意识”、坚定“四个自信”、做到“两个维护”，坚持党的全面领导，坚持以人民为中心，坚持围绕中心、服务大局，坚持破立并举、标本

专栏 3-1

习近平总书记关于党的建设的重要思想

2023 年 6 月，全国组织工作会议正式提出并系统阐述习近平总书记关于党的建设的重要思想，用“十三个坚持”集中概括了这一重要思想，深刻阐明了党的建设的根本原则、科学布局、价值追求、重点任务。

“十三个坚持”分别是：（1）坚持和加强党的全面领导；（2）坚持以党的自我革命引领社会革命；（3）坚持以党的政治建设统领党的建设各项工作；（4）坚持江山就是人民、人民就是江山；（5）坚持思想建党、理论强党；（6）坚持严密党的组织体系；（7）坚持造就忠诚干净担当的高素质干部队伍；（8）坚持聚天下英才而用之；（9）坚持持之以恒正风肃纪；（10）坚持一体推进不敢腐、不能腐、不想腐；（11）坚持完善党和国家监督体系；（12）坚持制度治党、依规治党；（13）坚持落实全面从严治党政治责任。

（资料来源：《深入学习贯彻习近平总书记关于党的建设的重要思想》，《人民日报》2023 年 7 月 1 日。）

兼治，持续推动全面从严治党向纵深发展、向基层一线和群众身边延伸，将清廉湖南建设融入经济社会发展各方面全过程，进一步营造良好的政治生态和发展环境，让以清为美、以廉为荣在三湘大地蔚然成风，以反腐倡廉新成效为加快实现“三高四新”美好蓝图、奋力谱写中国式现代化湖南篇章提供有力保障。

第一节

推进清廉湖南建设的基本原则

推进清廉湖南建设，必须坚持和加强党的全面领导，坚持以人民为中心，坚持围绕中心、服务大局，将之作为基本原则，并结合湖南实际予以具体化。

一、坚持和加强党的全面领导

党的领导是党和国家的根本所在、命脉所在，是全国各族人民的利益所系、命运所系。坚持党的全面领导，是我们的最大政治优势。推进清廉湖南建设，必须坚持和加强党的全面领导。首先，清廉湖南建设是湖南省委的重要部署，也是在湖南省委领导下顺利推进的。继续推进清廉湖南建设，也必须始终坚持并大力加强党的全面领导，从而为推进清廉湖南建设提供根本政治保障。其次，在当今中国，中国共产党是最高的政治领导力量，中国特色社会主义最本质的特征是中国共产党领导。只有坚持党的全面领导，才能确保清廉湖南建设始终沿着正确政治方向前进，避免偏离轨道。最后，清廉湖南建设是一项点多线长面广的系统工程，任务重、难度大，特别是要破解“四风”

顽疾，打赢反腐败斗争攻坚战、持久战、总体战，面临不少现实困难与阻力。只有坚持和加强党的全面领导，才能最大限度有效整合各方资源，形成清廉湖南建设的强大合力，才能确保清廉湖南建设不断突破瓶颈、取得胜利。

东西南北中，党是领导一切的。坚持和加强党对清廉湖南建设的全面领导，不是空洞的、抽象的，而是具体的，要求湖南各级党委（党组）继续坚决扛起清廉湖南建设的政治责任，不能把责任甩给各级纪委。一方面，从纵向上讲，应坚持和加强党对清廉湖南建设的全过程、全周期领导。推进清廉湖南建设是一项系统工程，从谋划到实施，再到监督、评估、反馈，每个环节都要坚持和加强党的领导。另一方面，从横向上讲，应坚持和加强党对清廉湖南建设的全方位领导，包括政治领导、思想领导、组织领导、作风领导、工作领导等。坚持和加强党对清廉湖南建设的政治领导，要义是加强党的政治建设，以党的政治建设引领清廉湖南建设，确保清廉湖南建设坚持正确政治方向。坚持和加强党对清廉湖南建设的思想领导，要义是加强党的思想建设，深入学习贯彻习近平新时代中国特色社会主义思想，确保清廉湖南建设在科学理论指导下推进。坚持和加强党对清廉湖南建设的组织领导，要义是加强党的组织建设，落实新时代好干部标准，充分发挥各级党组织和广大党员特别是党员干部的作用。坚持和加强党对清廉湖南建设的作风领导，要义是以良好的作风推进清廉湖南建设，坚决反对清廉湖南建设搞形式、走过场。坚持和加强党对清廉湖南建设的工作领导，要义是把党的领导落实到清廉湖南建设的具体工作中，防止笼而统之、大而化之。特别是强化对反腐败工作的领导，坚决支持查办腐败案件，充分发挥反腐败协调小组的作用，动真碰硬抓好问题整改，等等。

二、坚持以人民为中心

人民是历史的创造者，是决定党和国家前途命运的根本力量。以习近平同志为核心的党中央继承中华文化的民本思想和我们党“坚持人民主体地位”的执政理念，创新性地提出“以人民为中心”的发展思想。以人民为中心是人民主体地位的逻辑延展与深化。推进清廉湖南建设，必须坚持以人民为中心。首先，我们党始终把全心全意为人民服务作为根本宗旨，坚持以人民为中心是清廉湖南建设践行党的根本宗旨的必然要求。其次，江山就是人民，人民就是江山，打江山、守江山，守的是人民的心。习近平总书记强调：“我们党强力反腐，纠‘四风’树新风，是为了赢得党心民心。”民心是最大的政治。人民群众对不正之风和腐败现象深恶痛绝，对风清气正的政治生态与社会生态充满期待。清廉湖南建设只有坚持以人民为中心，才能更好地守民心、安民心、暖民心。再次，人民群众是清廉湖南建设的重要参与者。只有坚持以人民为中心，才能充分调动人民群众的积极性、主动性和创造性，形成人民群众广泛支持、共同参与清廉湖南建设的良好局面。最后，人民是清廉湖南建设的最终评判者。“时代是出卷人，我们是答卷人，人民是阅卷人。”清廉湖南建设只有坚持以人民为中心，才能取得经得起历史、实践与人民检验的成绩。

坚持以人民为中心，要求清廉湖南建设恪守人民至上的价值取向，彰显人民主体地位。既坚持清廉湖南建设为了人民、造福人民，让人民成为清廉湖南建设的受益者，又坚持清廉湖南建设依靠人民，走群众路线。充分保障群众对清廉湖南建设的知情权、表达权、参与权、监督权，让广大群众成为清廉湖南建设的支持者、行动者。如，通过各种媒体平台，广泛深入宣传清廉湖南建设的重要意义、政策措施和工作成效，提高人民群众对清廉湖南建设的知晓度和参与度；通过开展问卷调查、召开座谈会、设立举报信箱等多种方式，畅通人民群众表达诉求的渠道。坚持以百姓之心为心，把人民满意不满意作为评价清廉湖南建设的根本尺子，聚焦人民关注的问题特别是困扰人民群众的急难愁盼问题，不断推动清廉湖南建设向基层一线和群众身边延伸，以零容忍态度惩治群众身边的不正之风与腐败问题，特别是教育、医疗、住房、殡葬、社会保障、乡村振兴等领域的不正之风和腐败问题，加大对基层"微腐败"、侵害群众利益行为的查处力度，切实维护人民群众的合法权益，让人民群众更直接、更深切地感受到清廉湖南建设就在身边，提高人民群众对清廉湖南建设的获得感与满意度。

三、坚持围绕中心、服务大局

这里所说的"中心"，是指中心工作。坚持围绕中心、服务大局，要义是把清廉湖南建设放在湖南全局工作中思考、谋划、部署、实施、评价，处理好清廉湖南建设与全局工作特别是中心工作的关系，既不能缺位，也不能越位，更不能有损中心工作与大局。习近平总书记指出："党的建设历来是为党的中心工作服务的。""党风廉政建设和反腐败斗争，是党的建设的重大任务。""认识反腐败斗争，一定要有历史眼光、战略高度，着眼于实现党的使命任务。"这些重要论述为清廉湖南建设必须坚持围绕中心、服务大局提供了理论依据。清廉湖南建设不是孤立存在的，不能孤芳自赏、封闭运行。只有围绕中心工作与大局、服务中心工作与大局，清廉湖南建设才能找准定位、大有作为。如果脱离了中心工作和大局，清廉湖南建设的价值就会大打折扣，甚至沦为空谈，失去实际意义。

在推进清廉湖南建设中坚持围绕中心、服务大局，前提是明确中心工作，切实围绕中心工作推进清廉湖南建设；关键是推动清廉湖南建设融入中心工作与改革发展稳定大局，建立健全清廉湖南建设服务中心工作与大局的长效机制。党的二十大报告指出："从现在起，中国共产党的中心任务就是团结带领全国各族人民全面建成社会主义现代化强国、实现第二个百年奋斗目标，以中国式现代化全面推进中华民族伟大复兴。”就湖南而言，中心任务就是加快实现“三高四新”美好蓝图，奋力谱写中国式现代化湖南篇章。清廉湖南建设必须紧扣这一中心任务，不能游离于这一中心任务之外，更不能与之背道而驰。坚持在融入中服务，不搞“两张皮”，切实把推进清廉湖南建设与深入贯彻习近平总书记关于党的建设的重要思想、关于党的自我革命的重要思想、关于湖南工作的重要讲话和指示批示精神结合起来，同落实党中央关于推进全面从严治党、党风廉政建设和反腐败斗争的要求结合起来，同做好湖南各项工作特别是中心工作结合起来，融入湖南改革发展稳定各方面全过程。如，加强政治监督，确保习近平总书记关于湖南工作的重要讲话和指示批示精神落地见效；针对重大项目建设、招商引资、民生工程等重点领域和关键环节加大监督力度，确保各项政策措施落实到位，等等。着力推动清廉湖南建设与中心工作相互促进，既以清廉湖南建设为湖南高质量发展提供有力支撑，又以中心工作的成效检验清廉湖南建设的成果，促进清廉湖南建设与中心工作相得益彰。

第二节

推进清廉湖南建设的总体目标

清廉湖南建设必须坚持目标导向。《推进清廉湖南建设的意见》把“营造干部清正、政府清廉、政治清明、社会清朗的政治生态和发展环境”确定为清廉湖南建设的总体目标。在这一总体目标中，“干部清正、政府清廉、政治清明、社会清朗”是对良好政治生态和社会环境的精练描绘。习近平总书记指出："《人民日报》二〇一三年一月九日'人民论坛'栏目发表了一篇文章，题目叫《让崇清成为一种风尚》。文中写道，清则心境高雅，清则正气充盈，清则百毒不侵，清则万众归心，从一个角度解释了干部清正、政府清廉、政治清明的喻义。"干部清正、政府清廉、政治清明、社会清朗，四者范围渐次扩大，共同构成了清廉湖南建设的目标内核。推进清廉湖南建设，必须紧扣干部清正、政府清廉、政治清明、社会清朗。

一、干部清正

古人云："为政者，莫善于清其吏也。""能吏寻常见，公廉第一难。"中华传统文化历来推崇清官、廉吏，正如明代于谦写道："粉骨碎身浑不怕，要留清白在人间。""清风两袖朝天去，免得闾阎话短长。"习近平总书记强调："当官要当舞台上端端正正的官，当清官，不要当庸官贪官，被人戳脊梁骨。"党的干部是党的事业的骨干，是人民的公仆。干部清正，形象地说就是干部两袖清风、一身正气，重在强调干部的清白、正派，即为人堂堂正正、做事干干净净、为官清清白白。焦裕禄、谷文昌、杨善洲、郑培民等同志，是党的干部恪守清正廉洁的典范。干部手中掌握着公共权力，清正不仅是对干部个人道德品行的要求，更是干部担当职责使命的必然。只有保持清正，才能真正敬畏权力、慎用权力、约束权力，守住自己的政治生命。推进清廉湖南建设，要把"清正"作为干部教育、培训、选拔、考核的重要条件、重要标准、重要目标，促进湖南干部正确处理公私、义利、是非、情法、亲清、俭奢、苦乐、得失的关系，自觉同特权思想和特权现象作斗争，经得起权力、金钱、美色考验，用党和人民赋予的权力为人民服务。

专栏 3-2

郑培民："三不书记" + "三民书记"

2002 年 10 月，中央电视台首次启动"感动中国年度人物"评选活动。2003 年 2 月，感动中国 2002 年度十大人物揭晓，"勤政爱民的湖南省委原副书记郑培民"排在榜首。郑培民在湖南先后担任过湘潭市委书记、湘西州委书记和省委副书记，无论在哪做什么书记，有两个雅号始终跟随着他，一是"三不书记"——不唱高调，不做表面文章，不搞政绩工程；一是"三民书记"——爱民、亲民、一心为民。他的三件遗物和一句遗言让无数人感动：三件遗物是一个防腐账本、一本廉政记录和几十本日记；遗言是一句普普通通的话——"不要闯红灯"。

（资料来源：央视网。）

二、政府清廉

"政者，正也。""公生明，廉生威。"政府职能广泛，掌握大量资源，行使多种权力。政府是否公正清廉，事关重大。为政清廉才能取信于民，秉公用权才能赢得人心。在中华人民共和国，政府是人民的政府，也应当是清廉政府或者说廉洁政府。只有清廉的政府，才会全心全意为人民服务。政府清廉，要义是政风清、政务廉，即坚持为民造福，对人民负责，受人民监督，不与民争利，不侵犯群众利益；坚持求真务实、真抓实干，不急功近利、弄虚作假，不搞教条主义、形式主义、官僚主义，不搞劳民伤财的"形象工程""政绩工程"；坚持艰苦奋斗、勤俭节约，反对大手大脚、铺张浪费，以政府过紧日子促进老百姓过好日子；坚持廉洁履责、廉洁用权、廉洁施政。政府的决策行为、执法行为、监管行为等各类行为，特别是涉及资源资金分配和司法方面，必须坚持公开、公平、公正，严禁设租寻租、利益输送、逐利执法、钓鱼执法等各种不法行径。推进清廉湖南建设，必须把清廉政府建设作为重点任务，促进政府按照清廉的理念与标准，在清廉的轨道上开展工作，进一步改善政府形象，提高政府公信力。

三、政治清明

何谓“清明”？按《岁时百问》的说法，“万物生长此时，皆清洁而明净，故谓之清明”。清明既是自然节气，也是传统节日，兼具自然与人文内涵，且富有政治意蕴。古往今来，无论仁人志士还是平民百姓，都向往政治清明，痛恨政治黑暗。曹操在《对酒》中写道：“对酒歌，太平时，吏不呼门。王者贤且明，宰相股肱皆忠良。……爵公侯伯子男，咸爱其民，以黜陟幽明。”这是对政治清明的正面描写。“九州生气恃风雷，万马齐喑究可哀。我劝天公重抖擞，不拘一格降人才。”清代诗人龚自珍的这首诗则表达了对当时政治黑暗的痛心疾首，对政治清明的殷切期盼。政治清明，要义是政治清而不浊、明而不暗，政治规则明明白白，政治关系清清爽爽，政治生活干干净净。现代政治是政党政治、民主政治，也必须是廉洁政治。推进清廉湖南建设，要在促进湖南政治清明上下更大功夫，坚持党的全面领导，坚持人民当家作主，推进全面从严治党、全面依法治省，进一步严肃政治生活、发展政治文化、优化政治生态，让拉帮结派、团团伙伙、用人唯亲、用权任性、买官卖官、跑官要官、政治骗子、政治掮客、逆淘汰、潜规则等种种乱象在湖南没有市场。

四、社会清朗

党的十九大报告在部署反腐败斗争时，用“通过不懈努力换来海晏河清、朗朗乾坤”作结。这里的“海晏河清、朗朗乾坤”，就是对社会清朗的形象描述。社会清朗，要义是社会清净明朗，正气充盈，风清气正，正能量足，负能量少。不正之风与腐败现象的产生往往有其社会土壤。比如“笑贫不笑贪”“做官发财”“羡富慕荣”等社会观念，会降低人们对腐败的痛恶感和耻辱感，助长陋习恶行。十九届中央纪委向党的二十大的工作报告提出“构建清廉社会生态”。2024年3月20日，习近平总书记在主持召开新时代推动中部地区崛起座谈会时强调，要“营造积极健康的社会生态”。清廉湖南建设既要着眼于干部、政府、政治，也要面向全社会、深入全社会，大力弘扬社会主义核心价值观与清正廉洁的价值理念，进一步推动崇尚真善美、鄙视假恶丑，崇尚文明进步、鄙视野蛮落后，崇尚劳动致富、鄙视不劳而获，崇尚俭朴、鄙视奢靡，崇尚清廉、鄙视贪腐，让向善向上、见贤思齐、争先创优在湖南蔚然成风。

五、一体促进干部清正、政府清廉、政治清明、社会清朗

1940年2月，毛泽东在《团结一切抗日力量，反对反共顽固派》的讲演中概括了当时延安的“十个没有”：“这里一没有贪官污吏，二没有土豪劣绅，三没有赌博，四没有娼妓，五没有小老婆，六没有叫化子，七没有结党营私之徒，八没有萎靡不振之气，九没有人吃磨擦饭，十没有人发国难财。”这“十个没有”是当时延安干部清正、政府清廉、政治清明、社会清朗的全景图，也是四者有机统一的生动写照。干部清正、政府清廉、政治清明、社会清朗，四者既各有侧重又相互联系，是一个有机整体。一方面，干部、政府、政治、社会这四者有机联系。从几何学的角度看，四者分别对应点、线、面、体；从系统论的角度看，四者分别对应个体、组织、系统、环境。不论从哪个角度看，四者之间都是环环相扣、层层递进，范围梯次扩大。另

一方面，清正、清廉、清明、清朗四者皆以“清”为基，内在统一，共同构成了良好政治生态和发展环境的理想图景。习近平总书记指出：“做好各方面工作，必须有一个良好政治生态。”政治生态好，人心就顺、正气就足；政治生态不好，就会人心涣散、弊病丛生。推进清廉湖南建设，要紧扣“营造干部清正、政府清廉、政治清明、社会清朗的政治生态和发展环境”这一总体目标，一体促进干部清正、政府清廉、政治清明、社会清朗，形成四者联动的良好局面，切忌顾此失彼、各自为政、单兵作战。

专栏 3-3

干部清正、政府清廉、政治清明、社会清朗的关系图

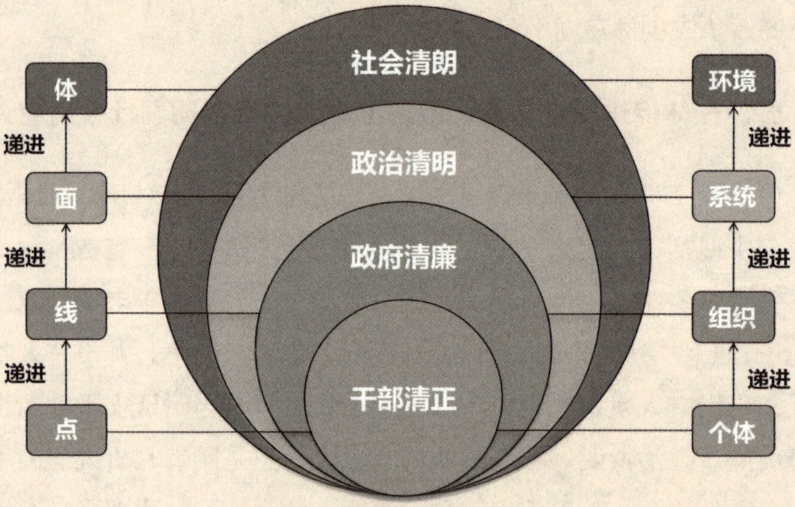

（资料来源：本书编写组绘制。）

第三节

推进清廉湖南建设的方法路径

推进清廉湖南建设，必须坚持问题导向，坚持守正与创新相结合，以全面从严治党为主线，以制约监督权力为重心，以压实主体责任为抓手，以建设清廉单元为载体，以强化系统治理为方略，在解决实际问题上出实招、见实效。

一、以全面从严治党为主线

全面从严治党是党永葆生机活力、走好新的赶考之路的必由之路。全面建设清廉湖南必先全面从严治党。全面从严治党永远在路上，党风廉政建设和反腐败斗争永远在路上。必须一以贯之、一步不停推动全面从严治党、党风廉政建设和反腐败斗争向纵深发展。全面从严治党，核心是“加强党的领导”，基础在“全面”，关键在“严”，要害在“治”。推进清廉湖南建设，应当切实加强党的集中统一领导，不断深化党的纪律建设和作风建设，以良好的党风政风浸润社风民风。推进全面从严治党，既要解决思想问题，也要解决制度问题，二者一柔一刚，刚柔相济，同向发力、同时发力，能产生“1+1>2”的功效。应当坚持思想建党和制度治党紧密结合，既从思想教育上严起来，又从制度上严起来。党的二十届三中全会对进一步全面深化改革、推进中国式现代化作出了战略部署。必须适应这一新形势，坚持用改革精神和严的标准管党治党，进一步落实全面从严治党政治责任，健全全面从严治党体系，提高全面从严治党水平，推动清廉湖南建设取得更大成效。

二、以制约监督权力为重心

反腐倡廉的核心是制约和监督权力。我国现行宪法第二条第一款明确规定："中华人民共和国的一切权力属于人民。"国家权力是人民的，人民是国家权力的所有者。国家机关及其工作人员只是国家权力的行使者。习近平总书记强调："我们国家是人民当家作主，包括我在内，所有领导干部都是人民勤务员"；"党的干部都是人民公仆"。权由法定。法无授权不可为，法已授权必须为。公权力是为社会为人民服务的公器，但也可能成为个人谋私腐败的工具，因此，必须加强对权力的制约和监督。《中共中央关于党的百年奋斗重大成就和历史经验的决议》指出："必须把权力关进制度的笼子里，依纪依法设定权力、规范权力、制约权力、监督权力。"《中共湖南省委关于深入学习贯彻党的二十届三中全会精神 进一步全面深化改革奋力谱写中国式现代化湖南篇章的决定》（以下简称"湖南省委贯彻二十届三中全会精神的《决定》"）明确要求健全权力配置和运行制约机制。推进清廉湖南建设，重中之重在于制约和监督权力。

三、以压实主体责任为抓手

习近平总书记在十八届中央纪委五次全会上指出，"党风廉政建设责任能不能担当起来，关键在主体责任这个'牛鼻子'抓没抓住"。党的二十届三中全会就"强化全面从严治党主体责任和监督责任"提出明确要求。清廉湖南建设必须抓住主体责任这个"牛鼻子"，带动其他责任落实。《推进清廉湖南建设的意见》要求，全面落实党委（党组）主体责任、党委（党组）书记第一责任人责任、班子成员"一岗双责"和纪委监督责任，强化"四责协同"联动效应，推动清廉湖南建设融入“五位一体”建设。湖南省十二届纪委四次全会明确提出：“构建清廉湖南建设‘党委主导、系统主抓、单位主责、纪委主推’的工作格局。”就“党委主导”而言，要义在于湖南省各级党委（党组）切实把清廉湖南建设当作分内之事、应尽之责，真正把担子担起来，层层传导压力、落实责任，做到一级抓一级、一级管一级；党委（党组）书记、班子成员对职责范围内的问题敢管敢治、严管严治。就“系统主抓”而言，要义在于坚持“抓系统就要抓创建，管行业就要管清廉”，建立健全分管省领导领衔、行业主管部门牵头、相关部门参与、省市县三级联动的工作机制，强化行业管理、属地管理责任，加强对行业性、系统性问题的排查整治。就“单位主责”而言，要义在于各单位认领责任，把清廉湖南建设融入业务工作一体落实，做到守土有责、守土负责、守土尽责。就“纪委主推”而言，要义在于湖南省各级纪委要协助党委（党组）做好推进清廉湖南建设工作，忠实履行监督专责，充分发挥监督保障执行、促进完善发展作用，进一步破解“熟人社会”监督难、基层办案力量薄弱等问题。

四、以建设清廉单元为载体

习近平总书记在2015年12月28日至29日召开的中央政治局专题民主生活会上讲话指出：“现在，党风廉政建设有关规定、标准、制度、政策还没有到位，或者比较笼统。下一步还要继续研究，规定要很具体、符合实际、精准化。”党的二十大报告要求“把握作风建设地区性、行业性、阶段性特点”。对不同部门、行业、领域而言，清廉建设既有共性也有特性。推进清廉湖南建设，一个基本要求是将清廉建设与各部门、行业、领域的业务工作有机结合，着力建设清廉机关、清廉企业、清廉学校、清廉医院、清廉乡村等清廉单元，通过示范引领、比学赶超，推动其他系统、行业结合实际建设清廉单元。清廉湖南建设着重的是“面”，清廉单元建设着重的则是“点”。要着力打造样板，培树一批群众身边“小微权力”廉洁规范运行的清廉单元样本，新建一批新时代廉洁文化示范基地和清廉单元样本，逐步规范提升，以点带面推进清廉湖南建设全方位、全领域深化。

五、以强化系统治理为方略

反腐倡廉是一项复杂的系统工程，需要多管齐下、综合施策。一体推进不敢腐、不能腐、不想腐，是反腐败斗争的基本方针和新时代全面从严治党的重要方略。“三不腐”必须同时发力、同向发力、综合发力。只有坚持依法严厉惩治，形成不敢腐的惩戒机制和威慑力，坚持完善法规制度，形成不能腐的防范机制和预防作用，坚持加强思想教育，形成不想腐的自律意识和思想道德防线，才能有效铲除腐败现象的滋生土壤和生存空间。清廉湖南建设必须坚持系统观念，一体推进不敢腐、不能腐、不想腐，一体开展治“四风”树新风，推动思想教育、法纪约束、惩治腐败、制度建设同向发力，全面提升治理效能。聚焦体制障碍、机制梗阻、政策弊病、利益藩篱，查找深层次问题症结，加强体制机制创新和制度建设，深化源头治理。

专栏 3-4

香港廉政公署“三管齐下”治贪腐

香港曾经腐败肆虐、贪污横行，后成为世界上少有的廉洁城市，其中一条宝贵经验是专设廉政公署（ICAC，Independent Commission Against Corruption）。廉政公署于 1974 年 2 月成立，其实行的执法、预防及教育“三管齐下”廉政建设模式，备受国际社会推崇。廉署目前大约有1400名职员，设四个部门，其中三个部门分别对应执法、预防及教育这三项职责：

执行处，接受市民举报贪污和调查涉嫌贪污行为；

防止贪污处，审视各政府部门及公共机构的常规工作及程序，以减少可能出现贪污的情况，并会应私营机构要求提供防贪顾问服务；

社区关系处，教导市民认识贪污的危害，并争取市民积极支持反贪工作。

（资料来源：香港特别行政区廉政公署官网、《检察日报》。）

第4章

政治引领——以党的政治建设统领清廉湖南建设

湖南率先对领导干部开展政治建设考察，要总结好、坚持好。

——2020年9月18日，习近平总书记在湖南考察工作结束时的讲话讲政治，是我们党补钙壮骨、强身健体的根本保证，是我们党培养自我革命勇气、增强自我净化能力、提高排毒杀菌政治免疫力的根本途径。新时代党的建设将党的政治建设摆在首位，统领党的建设各项工作。推进清廉湖南建设应从政治高度深刻把握，以党的政治建设为统领，把旗帜鲜明讲政治贯穿于清廉湖南建设全过程。

第一节

提高政治站位　增强清廉自觉

站位决定方位，思想引领行动。建设清廉湖南，要求全省各级党组织与广大党员干部进一步提高政治站位、深化思想认识，更加紧密地团结在以习近平同志为核心的党中央周围，高举习近平新时代中国特色社会主义思想伟大旗帜，牢记嘱托、感恩奋进，筑牢秉公用权、为政清廉的思想根基。

一、深刻领悟“两个确立”的决定性意义，坚决做到“两个维护”

党确立习近平同志党中央的核心、全党的核心地位，确立习近平新时代中国特色社会主义思想的指导地位，反映了全党全军全国各族人民共同心愿，对新时代党和国家事业发展、对推进中华民族伟大复兴历史进程具有决定性意义。“两个确立”是党在新时代取得的重大政治成果，是推动党和国家事业取得历史性成就、发生历史性变革的决定性因素。新时代湖南的发展实践充分证明，有习近平总书记掌舵领航，有习近平新时代中国特色社会主义思想科学指引，全省干部群众在思想上就有了“定盘星”，在行动上就有了“指南针”，在应对各类困难挑战时就有了“主心骨”。事业发展越是向前推进，越要紧密团结在习近平新时代中国特色社会主义思想的旗帜之下，越要坚定不移沿着习近平总书记指引的方向前进。清廉湖南建设要以捍卫“两个确立”、做到“两个维护”为“纲”，促进全省党员干部深刻领悟“两个确立”的决定性意义，更加自觉地维护习近平总书记党中央的核心、全党的核心地位，维护以习近平同志为核心的党中央权威和集中统一领导，全面贯彻习近平新时代中国特色社会主义思想，坚定不移在思想上、政治上、行动上同以习近平同志为核心的党中央保持高度一致。

二、坚持不懈用习近平新时代中国特色社会主义思想凝心铸魂

“土能浊河，而不能浊海；风能拔木，而不能拔山。”习近平总书记指出，理论上坚定成熟，什么力量也不能动摇我们。理论修养是干部综合素质的核心，理论上的成熟是政治上成熟的基础，政治上的坚定源于理论上的清醒。从一定意义上说，掌握马克思主义理论的深度，决定着政治敏感的程度、思维视野的广度、思想境界的高度。从湖南正风肃纪反腐的现实情况来看，党员、干部中存在的跑冒滴漏现象、贪赃枉法行为，都是从思想滑坡开始的；一些党组织存在的政治功能和组织功能不强的问题，也源于思想建设抓得不够、理论武装抓得不紧。马克思主义是我们共产党人的“真经”，马克思主义立场、观点、方法是做好工作的看家本领，是指导我们认识世界、改造世界的强大思想武器。习近平新时代中国特色社会主义思想是当代中国马克思主义、21 世纪马克思主义，是坚持“两个结合”的光辉典范。在推进清廉湖南建设进程中，要加强党的创新理论武装，不断巩固拓展学习贯彻习近平新时代中国特色社会主义思想主题教育成果，建立健全以学铸魂、以学增智、以学正风、以学促干长效机制。坚持学思用

贯通、知信行统一，把习近平新时代中国特色社会主义思想转化为坚定理想、锤炼党性和指导实践、推动工作的强大力量。

三、心怀“国之大者”，始终做政治上的明白人

习近平总书记指出：“讲政治最根本就是要讲党性，在思想政治上讲政治立场、政治方向、政治原则、政治道路，在行动实践上讲维护党中央权威、执行党的政治路线、严格遵守党的政治纪律和政治规矩。党的政治建设的首要任务，就是保证全党服从中央，坚持党中央权威和集中统一领导，绝不能有丝毫含糊和动摇。”推进清廉湖南建设，要求湖南省各级党员干部特别是领导干部要坚定党性立场，加强党性修养，对“国之大者”心中有数，关注党中央在关心什么、强调什么，深刻领会什么是党和国家最重要的利益，什么是最需要坚定维护的立场。遇到问题、作出决策、处理工作首先要从政治上想一想，要对标对表习近平总书记有关重要讲话和指示批示精神，把准政治方向、领会工作要求、理清思路举措，对照党章、党内政治生活准则、党纪处分条例举一反三，看准能不能干、该不该做，在风浪考验中立得住脚，在诱惑“围猎”面前定得住神，始终做政治上的明白人。深入学习贯彻习近平总书记关于“善于把地区和部门的工作融入党和国家事业大棋局，做到既为一域争光、更为全局添彩”的重要论述，把牢记“国之大者”与做好本职工作、彰显湖南担当结合起来，从政治上领会和落实习近平总书记关于湖南工作的重要讲话和指示批示精神，更加坚定地扛起党中央赋予湖南的使命任务，更加自觉地把习近平总书记一以贯之强调的重大事项执行到位，在深入推进全面从严治党、党风廉政建设和反腐败斗争中干在实处、走在前列，在谱写中国式现代化湖南篇章中彰显忠诚与担当。

第二节

优化政治生态　营造清廉环境

习近平总书记指出，加强党的建设，必须营造一个良好从政环境，也就是要有一个好的政治生态。党的二十大报告要求持续净化党内政治生态。湖南省委贯彻二十届三中全会精神的《决定》强调，严肃查处政商勾连破坏政治生态和经济发展环境问题。推进清廉湖南建设，要从严肃党内政治生活、严明党的政治纪律和政治规矩、发展积极健康的党内政治文化、突出政治标准选人用人等多方面发力，优化政治生态。

一、严肃党内政治生活

严肃党内政治生活是全面从严治党的基础。党要管党，首先要从党内政治生活管起；从严治党，首先要从党内政治生活严起。深入贯彻执行《关于新形势下党内政治生活的若干准则》，增强党内政治生活政治性、时代性、原则性、战斗性，着力提高党内政治生活质量。党委（党组）严格执行集体领导、民主集中、个别酝酿、会议决定的原则，实行科学决策、民主决策、依法决策，“一把手”以身作则、形成示范。在民主生活会上严肃开展批评和自我批评，按规定对个人有关事项以及群众反映、巡视巡察反馈、组织约谈函询的问题实事求是作出说明，存在违规违纪问题的作出深刻检查。领导班子成员带头落实“三会一课”、谈心谈话等制度，定期以普通党员身份参加所在党支部（党小组）组织生活会，过好双重组织生活。坚持以整风精神开展批评与自我批评，旗帜鲜明坚持真理、修正错误。

二、严明党的政治纪律和政治规矩

党的纪律是党的各级组织和全体党员必须遵守的行为规则，是维护党的团结统一、完成党的任务的保证，主要包括政治纪律、组织纪律、廉洁纪律、群众纪律、工作纪律、生活纪律。其中，政治纪律是最重要、最根本、最关键的纪律，是净化政治生态的重要保证。教育督促党员干部始终对党忠诚老实，决不允许在重大政治原则问题上、大是大非问题上同党中央唱反调，搞自由主义。对习近平总书记关于湖南工作的重要讲话和指示批示落实情况，开展常态化“回头看”，定期盘点、动态问效。严格执行《中国共产党纪律处分条例》，严肃查处违反政治纪律的行为，通过严明政治纪律带动党的其他纪律严起来。牢记习近平总书记强调的“五个必须”，严肃查处“七个有之”问题，把政治上蜕变的“两面人”及时辨别出来、清除出去，坚决防范和查处“低级红”“高级黑”，对在党内搞政治团伙、小圈子、利益集团的人高度警惕，毫不手软。

专栏 4-1

遵守政治纪律和政治规矩要做到哪“五个必须”

“欲知方圆，则必规矩。”在十八届中央纪委五次全会上，习近平总书记强调要严明政治纪律和政治规矩，明确提出了遵守政治纪律和政治规矩的“五个必须”要求。

★必须维护党中央权威，在任何时候任何情况下都要在思想上政治上行动上同党中央保持高度一致；

★必须维护党的团结，坚持五湖四海，团结一切忠实于党的同志；

★必须遵循组织程序，重大问题该请示的请示，该汇报的汇报，不允许超越权限办事；

★必须服从组织决定，决不允许搞非组织活动，不得违背组织决定；

★必须管好亲属和身边工作人员，不得默许他们利用特殊身份谋取非法利益。

（资料来源：中央纪委国家监委网站。）

三、发展积极健康的党内政治文化

党内政治生活、政治生态、政治文化是相辅相成的，政治文化是政治生活的灵魂，对政治生态具有潜移默化的影响。近年来，湖南大力发展积极健康的党内政治文化，以“明规矩”抵制“潜规则”，取得了良好成效。湖南省委办公厅2022年印发《关于加强新时代廉洁文化建设的若干措施》，进一步明确要“以党内政治文化建设引领廉洁文化建设”。只有加强党内政治文化建设，才能厚植清廉文化土壤。要抓住一个要害——共产党人价值观。坚持“三严三实”（严以修身、严以用权、严以律己，谋事要实、创业要实、做人要实），大力弘扬忠诚老实、公道正派、实事求是、清正廉洁等价值观，充分利用各类爱国主义教育基地和党性教育基地对广大党员干部进行教育和熏陶，增强党员干部的政治定力、纪律定力、道德定力、抵腐定力。坚持“两手抓”、破立并举。就“立”而言，大力倡导清清爽爽的同志关系、规规矩矩的上下级关系、干干净净的政商关系，弘扬正气、树立新风。就“破”而言，坚决抵制庸俗腐朽的政治文化，自觉抵制商品交换原则对党内生活的侵蚀，狠刹权权交易、权钱交易、权色交易等不正之风，破除关系学、厚黑学、官场术等封建糟粕；坚决防止和反对个人主义、分散主义、自由主义、本位主义、好人主义；坚决防止和反对宗派主义、圈子文化、码头文化。坚持“三管齐下”，同时从中华优秀传统文化、革命文化、社会主义先进文化三个方面破题。推动中华优秀传统文化创造性转化、创新性发展，培育党员干部政治

专栏 4-2

湖南率先开展党的政治建设考察，为干部政治表现“画像”

过去，没有就党的政治建设开展过专门考察、单独考察，党的政治建设内容大都融合在各类考察考核中，统领地位没有凸显；党的政治评价没有专项评价，大都湮没在德、能、勤、绩、廉的评价中，首要关口地位没有突出。

为推动党的政治建设落地见效，2017 年底，湖南以县市区党政正职为突破口，在全国范围内率先探索开展政治建设考察。在方向定位上，突出政治统领，把“四个意识”“两个维护”作为考察的首要任务。在内容标准上，把准政治内涵，把“五个方面”（铸牢政治忠诚、保持政治定力、强化政治担当、提升政治能力、严格政治自律）、“16 个是否”作为考察的基本标尺，把原则要求细化为具体标准。

最近几年，湖南进一步通过日常调研、“见缝插针”等方式，将考察指标“精准分类”，过程“下好实功”，调研“融入日常”，工作“关口前移”，结果“考用结合”，着力推动政治素质考察做深做实，把干部“政治像”画得更加精准。

（资料来源：中共中央组织部组织编写《贯彻落实习近平新时代中国特色社会主义思想 在改革发展稳定中攻坚克难案例·党的建设》，党建读物出版社 2019 年版；谭剑、袁汝婷、谢奔《湖南为领导干部画准“政治像”》，《瞭望》2023 年第 48 期。）

气节、政治风骨。发扬革命文化，传承红色基因，弘扬革命精神，教育党员干部正确处理公和私、义和利、是和非、正和邪、苦和乐的关系。弘扬社会主义先进文化，推进社会主义核心价值观宣传教育，引导党员干部带头做社会主义核心价值观的坚定信仰者、积极传播者、模范践行者。

四、突出政治标准选人用人

习近平总书记指出："选人用人是党内政治生活的风向标，用人上的不正之风和腐败现象对政治生活危害最烈，端正用人导向是严肃党内政治生活的治本之策。"用人导向最重要、最根本，也最管用。必须坚持党管干部原则，坚持德才兼备、以德为先、五湖四海、任人唯贤，落实新时代好干部标准，完善政治素质考察融入日常、抓在经常的工作机制。坚持把政治标准放在首位，做深做实干部政治素质考察，突出把好政治关、廉洁关。把政治建设常态化、全覆盖考察与干部选育管用等衔接贯通起来，突出考察了解贯彻党中央决策部署、做到"两个维护"的实际表现，建立健全平战结合、专常结合考察机制，完善考察反馈问题整改落实和跟踪问效工作机制，建立干部政治素质档案。

第三节

强化政治能力　构筑清廉堡垒

推进清廉湖南建设，要求努力提高湖南各级党组织和党员干部的政治能力，促进党员干部争当清廉模范，使党组织真正成为清廉堡垒。

一、准确把握提高政治判断力、政治领悟力、政治执行力的深刻内涵

习近平总书记高度重视政治能力建设，创造性提出“要提高各级党组织和党员干部政治判断力、政治领悟力、政治执行力”的要求。政治能力集中体现为政治判断力、政治领悟力、政治执行力，这三个力从认知到行动，既各有侧重又相辅相成，体现了知行合一。习近平总书记指出，从党风廉政建设和反腐败斗争看，提高政治判断力，就是要以国家政治安全为大、以人民为重、以坚持和发展中国特色社会主义为本，深刻认识各类腐败问题的政治本质和政治危害，清醒辨别行为是非，有效抵御风险挑战，保证红色江山永不变色；提高政治领悟力，就是要从政治上领会好、领会透党中央关于党风廉政建设和反腐败斗争的精神，牢牢把握党中央关于全面从严治党的重大方针、重大原则、重点任务的政治内涵，自觉同党中央保持高度一致；提高政治执行力，就是要按照党中央指明的政治方向、确定的前进路线开展党风廉政建设和反腐败斗争，经常对标对表，及时校准偏差，强化责任意识，确保落实到位。习近平总书记的以上重要论述，把党风廉政建设和反腐败斗争与提高政治判断力、政治领悟力、政治执行力有机联系起来，进一步凸显了党风廉政建设和反腐败斗争的政治属性，深刻阐明了在党风廉政建设和反腐败斗争中提高政治判断力、政治领悟力、政治执行力的具体内涵与基本要求。

二、增强各级各类组织的政治能力

进一步增强党组织政治功能。以提升政治素质和战斗力为重点，着力加强党的组织体系建设。“基础不牢，地动山摇。”开展“千支示范、万支提升”行动，推进党支部“五化”建设提质工程，实现支部设置标准化、组织生活正常化、管理服务精细化、工作制度体系

化、阵地建设规范化，坚决整顿软弱涣散基层党组织。抓好村（社区）“两委”班子换届，选优配强党组织书记。完善抓党建促乡村振兴工作机制。建立选派第一书记工作长效机制，加大抓乡促村力度，切实提高农村基层党组织建设质量。加强分类指导，统筹推进城市社区、国有企业、事业单位等领域基层党组织建设。推深做实片组邻“三长制”。完善新经济组织、新社会组织、新就业群体党组织设置和活动方式。完善党员教育管理、作用发挥机制，深化开展“一月一课一片一实践”主题党日活动，建立党员在急难险重任务中发挥作用的机制。完善不合格党员组织处置制度，健全流动党员流出地与流入地党组织协作管理机制，完善党组织和党员在网络空间发挥作用的制度机制。

进一步彰显国家机关政治属性。全省各级人大机关、行政机关、监察机关、审判机关、检察机关本质上都是政治机关，在履行职责、开展工作时，应当提高政治站位、把准政治方向、注重政治效果、考虑政治影响，坚决防止和纠正把政治与业务割裂开来、对立起来的错误认识和做法，确保政治和业务融为一体、高度统一。

进一步发挥群团组织政治作用。工会、共青团、妇联等群团组织是党领导下的政治组织，政治性是群团组织的灵魂。推进清廉湖南建设，要求湖南省各群团组织认真履行政治职责，聚焦“高质量发展”这一首要任务，锚定“三高四新”美好蓝图，立足各自职能定位，充分发挥组织网络优势，创造性做好政治引领、联系服务、促进发展、维护稳定等各项工作。

进一步强化国有企事业单位政治导向。国有企业是中国特色社会主义的重要物质基础和政治基础，事业单位承担着满足人民群众日益增长的公益服务需求职责，它们都是我们党执政兴国的重要依靠力量。推进清廉湖南建设，要求湖南省国有企事业单位必须始终坚持党的领导，坚决贯彻执行党的路线方针政策，切实加强本单位党的建设工作，充分发挥党组织重要作用，保证本单位工作坚持正确政治方向，为实现“三高四新”美好蓝图不断作出新的贡献。

三、强化干部政治训练

政治能力不会从天而降，而是需要不断培养训练。要深入贯彻落实《湖南省干部教育培训规划（2023—2027 年）》，大力加强干部政治训练。

把准政治训练目标内容。坚持把教育引导广大干部深刻领悟“两个确立”的决定性意义、做到“两个维护”作为政治训练的首要目标。加强理想信念教育，突出政治忠诚教育。加强党的宗旨教育、政治纪律和政治规矩教育，突出党章和党规党纪学习教育。强化民主集中制教育和党风廉政教育。开展中华优秀传统文化教育、家庭家教家风教育，加强革命传统教育。

突出抓好“关键少数”政治训练。坚持把政治训练贯穿干部成长全周期，使干部的政治素养、政治能力与担负的领导职责相匹配。加强对“关键少数”特别是“一把手”的政治培训，有计划地选调地方、部门、国有企事业单位主要负责同志到党校（行政学院）、干部学院参加专题培训，促进“关键少数”政治能力持续提升。

第 5 章

深化改革——促进公权力廉洁运行

要深化改革阻断腐败滋生蔓延。腐败的本质是权力滥用。要抓住定政策、作决策、审批监管等关键权力，聚焦重点领域深化体制机制改革，加快新兴领域治理机制建设，完善权力配置和运行制约机制，进一步堵塞制度漏洞，规范自由裁量权，减少设租寻租机会。

——2024 年 1 月 8 日，习近平总书记在二十届中央纪委三次全会上的讲话党的二十届三中全会强调“坚持用改革精神和严的标准管党治党”，对“深入推进党风廉政建设和反腐败斗争”作出重要部署，要求“完善一体推进不敢腐、不能腐、不想腐工作机制，着力铲除腐败滋生的土壤和条件”。深化改革促进公权力廉洁运行，是清廉湖南建

专栏 5-1

习近平总书记关于以深化改革推进反腐倡廉的若干重要论述

要以深化改革推进党风廉政建设和反腐败斗争，改革党的纪律检查体制，完善反腐败体制机制，增强权力制约和监督效果，保证各级纪委监督权的相对独立性和权威性。

——2014 年 1 月 14 日，在十八届中央纪委三次全会上的讲话

产生腐败问题的一个重要原因，是一些体制机制存在漏洞，必须坚持以改革思路推进工作，加强制度创新。

——2015 年 1 月 13 日，在十八届中央纪委五次全会上的讲话

坚决破除一切不合时宜的思想观念和体制机制弊端，通过改革和制度创新压缩腐败现象生存空间和滋生土壤，营造风清气正的政治生态。

——2019 年 1 月 11 日，在十九届中央纪委三次全会上的讲话

要在不能腐上深化拓展，前移反腐关口，深化源头治理，加强重点领域监督机制改革和制度建设，健全防治腐败滋生蔓延的体制机制。

——2023 年 1 月 9 日，在二十届中央纪委二次全会上的讲话

设的关键一招。推进清廉湖南建设，必须聚焦完善权力配置和运行制约机制，着力在简政放权、制度管权、阳光晒权、靶向治权上下功夫见真章。

第一节

简政放权，消除权力设租寻租

新时代的简政放权改革是一场从理念到体制的深刻变革，是刀刃向内的自我革命。2024 年 3 月，习近平总书记考察湖南时指出，“要坚决整治形式主义、官僚主义问题，精兵简政，持之以恒抓好这项工作”。“简政”是反腐倡廉的固本之策，清廉湖南建设要不断推进简政放权，从源头上、根本上消除干部被“围猎”空间。

一、进一步转变政府职能

如何正确处理政府和市场的关系，是贯穿我国改革开放 40 多年的核心问题。2014 年国务院《政府工作报告》提出“进一步简政放权”，2015 年丰富为“加大简政放权、放管结合改革力度”，2016 年进一步深化为“推动简政放权、放管结合、优化服务改革向纵深发展”。党的二十大报告指出，“深化简政放权、放管结合、优化服务改革”。党的二十届三中全会强调，“充分发挥市场在资源配置中的决定性作用，更好发挥政府作用”。

推进清廉湖南建设，应当深入推进政府机构、职能、权限、程序、责任法定化，强化实干实绩导向，建设高效能服务型政府。建立规范政府权力和责任的“总台账”，进一步推动权责清单制度的健全完善和落地实施。着力解决资源配置中存在的突出问题，从广度和深度上推进市场化改革，完善市场体系，创新配置方式，更多引入市场机制和市场化手段，加快健全完善市场决定要素配置的机制，最大限度减少政府对市场资源的直接配置，推动资源配置依据市场规则、市场价格、市场竞争实现效益最大化和效率最优化。既“放得活”又“管得住”，更好维护市场秩序、弥补市场失灵，畅通国民经济循环，激发全社会内生动力和创新活力。持续优化发展环境，打造一流营商环境。探索构建“连环债”清偿机制，加力整治拖欠企业账款行为。开展规范涉企执法专项行动，坚决整治逐利性罚款、以罚代管等问题。

二、推进“高效办成一件事”

2019 年 4 月，湖南省人民政府办公厅印发《“一件事一次办”改革工作实施方案》，在全国率先探索开展“一件事一次办”改革，进一步擦亮了政务服务“湘”字号品牌，为国家法治政府建设和“放管服”改革探索了新路子。2021 年 8 月，中共中央、国务院印发《法治政府建设实施纲要（2021—2025 年）》，明确提出大力推行“一件事一次办”。全国一体化在线政务服务平台开辟“一件事一次办”专区，“一件事一次办”上升为国家制度性举措。湖南省委贯彻二十届三中全会精神的《决定》提出，强化“12345”政务服务便民热线、“湘易办”、“一网通办”、大数据总枢纽等平台功能，健全“高效办成一件事”重点事项清单管理机制和常态化推进机制。

推进清廉湖南建设，应当深入落实 2024 年《国务院关于进一步优化政务服务提升行政效能推动“高效办成一件事”的指导意见》与《湖南省人民政府办公厅关于进一步优化政务服务提升行政效能推动“高效办成一件事”的通知》。巩固扩大事项范围，深化服务模式创新，提升平台支撑能力，强化数字赋能应用，全面夯实工作基础，加快推进工作落实，不断提升“高效办成一件事”服务质效，扩大湖南“一件事一次办”品牌影响力。健全“高效办成一件事”重点事项清单管理机制和常态化推进机制，逐年推出一批重点事项，同时推动公共服务、公用事业领域高频关联事项跨领域集成办理，丰富拓展涉企增值服务内容。全力推进关联事项集成办、容缺事项承诺办、异地事项跨域办、政策服务免申办。按照“办事方式多元化、办事流程最优化、办事材料最简化、办事成本最小化”要求，全链条优化业务流程，全场景强化数字应用，深度开展事项梳理，科学设计流程，推动申请表单多表合一、线上一网申请、材料一次提交。全面加强政务服务渠道平台建设，推进线下办事“只进一门”、线上办事“一网通

专栏 5-2

湖南创造了“一件事一次办”政务服务品牌

“一件事”是指企业群众需办理的一个事项，既可以是单独的一件事情，也可以是须到多个部门办理或多件相关的事、一揽子事，经过梳理整合、流程再造后，变成企业群众眼中或窗口统一办理的“一件事”；“一次办”是指一次告知、一次表单、一次联办、一次办好，线上“一次登录、一网通办”，线下“只进一扇门、最多跑一次”。

（资料来源：湖南省人民政府办公厅《“一件事一次办”改革工作实施方案》。）

办”、企业和群众诉求“一线应答”。加大省政务云资源保障力度，持续优化升级省“一网通办”平台和“湘易办”超级服务端，建设完善“高效办成一件事”（“一件事一次办”）服务专区，更好打造全省“高效办成一件事”（“一件事一次办”）PC端、移动端总入口。加强省级统筹，加快整合“高效办成一件事”事项涉及部门业务系统与省“一网通办”平台对接联通。

三、全面推进“证照分离”改革

“证”，指各相关行业主管部门颁发的经营许可证；“照”，指工商部门颁发的营业执照。“证”和“照”是企业进入市场的两把钥匙。要进一步用好用活这两把钥匙，落实市场准入“全国一张清单”，健全与市场准入负面清单制度相适应的行政审批制度、事中事后监管机制。优化新业态新领域市场准入环境。深化注册资本认缴登记制度改革。深化经营主体准入和注销便利化改革，推动完善“照险联办”“照关联办”。实施涉企经营许可事项清单管理，大幅减少行政审批、行政许可事项；推动“照后减证”“多证合一”“一照通行”，更大程度实现“准入即准营”“领照即开业”。减少行政审批和行政许可的目的是降低市场准入门槛和运行成本，要加大探索“一址多照”“一证多址”改革力度，实现开办企业和扩大生产经营规模便利化，充分释放市场主体活力。健康的市场需要遵纪守法的企业。更加重视对市场主体的“售后服务”，放管结合，强化事中事后监管。全面推进“双随机、一公开”监管和信用监管，落实公平竞争审查制度，及时公布随机抽查结果和查处情况，实行“阳光执法”。

四、推动线上线下政务服务能力整体提升

推进政务服务标准化、规范化、便利化，突出“联”“享”“治”，

推动跨地区、跨部门、跨层级信息数据开放共享，让群众和企业少跑腿、好办事。依托省大数据总枢纽，加强数据汇聚、治理、共享、开发和利用。组织开展政务数据共享需求清单梳理，全面编制数据共享目录，开展数据资源挂接和数据治理。围绕企业和个人两个全生命周期编制“一企一档、一人一档”数据规范，推动实现“一数一源一标准”。充分利用大数据总枢纽汇聚成果，持续优化“减材料、减填报”。创新开展大数据、区块链、人工智能等新技术在办事服务具体场景中的应用。积极推进政府部门核发的材料免于提交、能够通过数据共享核验的事项免于提交证明材料、能够提供电子证照的免于提交实体证照“三个免于提交”，切实精简办事材料。逐一编制“一件事”工作指引和办事指南，并做好系统对接、信息共享、电子证照应用、业务培训等工作。健全线上线下帮办代办体系，提升帮办代办响应率、解决率和满意度，让“身在湖南，办事不难”成为常态。

五、深入整治“红顶中介”

《湖南省人民政府办公厅关于清理规范省政府部门行政审批中介服务的意见》明确要求切断中介服务利益关联，审批部门不得以任何形式指定中介服务机构，政府机关工作人员一律不得在中介服务机构兼职（任职）。要进一步制定和完善中介服务事项清单、政府定价及政府指导价行政审批前置收费目录、行政事业性收费清单等规范行业协会、中介机构、社会团体职能职责的“限权”清单，防范公共服务失序运行；进一步引入竞争机制，加强监督和管理，为市场主体提供更优质的服务；进一步加大中介机构、行业协会与政府部门脱钩力度，防止政府官员通过“旋转门”“玻璃门”“卷闸门”及其他形形色色的手段蚕食行政审批改革的红利，获取不当利益。

第二节

制度管权，避免权力恣意任性

习近平总书记形象又深刻地指出，“把权力关进制度的笼子里”，并多次强调“坚持用制度管权管事管人”。制度建设管根本利长远。推进清廉湖南建设，必须坚持问题导向，扎紧约束权力的制度笼子，消除权力任性空间。

一、进一步规范党政主要领导干部职责权限

“上梁不正下梁歪。”党政主要领导干部是否清廉、用权是否正确，对所在地区、单位的政治生态影响极大。权力就是责任，有权就有责，不能只讲权力而不讲责任。现实中，很多单位往往用“主持全面工作”来规定党政主要领导干部的职责，党政主要领导干部究竟能做什么、不能做什么，语焉不详，边界不清。这样容易导致民主集中制失灵、党政主要领导干部游离于监督之外等不良后果。要坚持权责一致原则，明确党政主要领导干部权力清单和责任清单，促进权责对等。

二、科学配置党政机关及其内设机构权力和职能

坚持权责法定，科学配置权力。健全分事行权、分岗设权、分级授权制度，合理划分和科学配置各部门、岗位的权力和职责。适度分解权力集中的部门和岗位的权力，将集中于某一个人的权力分解为多人行使；将重点岗位的权力分解到多个岗位；将集中于某一层级的权

力分解到多个层级，并且明晰权力边界，强化权力制约。完善权责清单制度，推进机构、职能、权限、程序、责任法定化。凡是没有依法授权的，不得越权，不得法外设定权力；凡是授权的事项都要明确责任、落实责任，绝不允许推诿扯皮、敷衍塞责。严格实行定期轮岗制度，对在权力集中的部门和岗位工作达到规定期限的，必须及时轮岗交流，降低因长期任职于同一部门、岗位而受人情、关系影响和拖累的可能性。

三、加强对决策权力的规范

决策既是一种权力行使方式，也是新的权力运行的起点。规范决策行为既是对权力本身的约束，也可以阻断权力滥用的源头。十二届湖南省纪委四次全会明确提出，“严查违规决策导致重大亏损等背后的腐败问题”。健全决策程序，把决策程序的制度机制建设与完善摆在更加重要位置，进一步促进各级党组织完善民主决策、依法决策的制度机制，对重大决策的形成、执行和调整等作出更加细化的规定。强化决策监督，加强对“三重一大”（重大决策、重要干部任免、重要项目安排和大额资金使用）决策制度执行情况的监督检查，把制度执行情况纳入领导班子及其成员年度考核和落实党风廉政建设责任制考核范围，适时通报抽查结果，接受社会监督。对违反“三重一大”决策制度和重大决策程序规定的，视情况追究有关责任人的纪法责任。

四、紧盯关键领域腐败“重灾区”

权力集中、资金密集、资源富集、资产聚集的重点部门、重点领域、重点环节和重要岗位，是腐败问题频发、高发区，是权钱交易的温床。同时，这些腐败不仅仅是特定领域的“一把手”腐败问题，“小官大贪”“小官巨贪”案例也一次次冲击着人们的心理底线。应当扩大监督范围，将相关部门、领域、环节、岗位的工作人员全部列为重点监督对象，建立并及时更新廉政档案。对在档人员进行政治画像，根据廉政风险点管在关键时、管住关键事；对关键部位、关键岗位工作人员定期轮岗；对存在苗头性、倾向性问题且不适宜继续从事相关工作的党员领导干部及时调整。严肃处理违纪违法党员领导干部，督促绝大多数党员领导干部依法履职。

五、加强地方立法工作，完善法规制度

深化立法领域改革，抓住提高地方立法质量这个关键，强化问题导向、实践导向、目标导向，立高质量发展急需之法、人民群众期盼之法、切合湖南实际之法。湖南省委贯彻二十届三中全会精神的《决定》就“完善全面依法治省体制机制，建设更高水平法治湖南”作出系统部署，将“切实提高立法质量”作为第一个要点，要求落实保障宪法实施制度和宪法实施情况报告制度；完善党委领导、人大主导、政府依托、各方参与的地方立法工作格局，健全立法过程中的重大争议事项协调机制；优化地方性法规全流程管理机制；统筹立改废释，加强重点领域、新兴领域立法，加强“小快灵”“小切口”式立法修法，健全法规规章定期评估机制；探索建立人大对乡镇（街道）行政规范性文件备案审查制度；建立健全区域协同立法机制；健全法规、规章和规范性文件备案审查衔接联动机制。

第三节

阳光晒权，杜绝权力暗箱操作

阳光是最好的防腐剂，公开是对权力最好的监督。习近平总书记指出："要推进权力运行公开化、规范化，完善党务公开、政务公开、司法公开和各领域办事公开制度，让人民监督权力，让权力在阳光下运行。"党务公开与政务公开是以公开促落实、促监督、促改进的重要举措，通过公开主动将权力置于人民群众的监督之下，防范暗箱操作与权力失范。

一、整合利用现有党务公开方式

各类党务公开方式均有其自身特殊价值，全方位、立体式党务公开平台需要多种信息公开方式同时发挥作用。目前常见的党务公开媒介有微信公众号、报刊、电台电视台、文件等。一些地方、单位的党务公开栏、电子显示屏等使用较少或者内容长期不更新，没有充分发挥党务公开应有的作用。应当统筹运用门户网站、微信公众号、新闻媒体等多种形式，强化政务新媒体矩阵建设，打造全媒体、立体化公开渠道。健全党务政务新媒体监管机制，针对一哄而上、重复建设和"娱乐化""空壳"等问题有序开展清理整治。在加强线上公开方式建设的同时，应当照顾年龄较大党员等不同群体的需求；线下党务公开方式应设置必要的查阅场所，并配备相应的设施、设备，为查询人获取党务信息提供便利。

二、加强公开平台体系化建设

《中国共产党党务公开条例（试行）》《中共湖南省委关于贯彻落实〈中国共产党党务公开条例（试行）〉的实施意见》列举了各级党组织、党的纪律检查机关等主体应当公开的党务信息，明确了信息公开范围。推进清廉湖南建设，要求湖南各级党务公开的责任主体加强党务公开平台建设，逐步建立具备信息检索、查阅、下载等功能的统一的党务信息公开平台，提高平台使用效率。应当将党内法规规定的党务公开内容进一步体系化、模块化、电子化，让责任主体可按图索骥履行党务公开义务。比如《中国共产党党务公开条例（试行）》明确规定，“党的组织应当根据本条例规定的党务公开内容和范围编制党务公开目录”，以此明确党务公开的责任主体、公开时限、公开方式，并根据职责任务进行动态调整。

三、拓宽党务政务公开范围

坚持“公开为常态”“不公开为例外”。《中共湖南省委关于贯彻落实〈中国共产党党务公开条例（试行）〉的实施意见》将不公开的范围限定为“涉及党和国家秘密不得公开或者依照有关规定不宜公开的事项”。“党和国家秘密”的概念有清晰的界定，但一些单位为防止泄密，除了对文件明确标注密级外，还颁布了不少内部文件。为避免将“内部”二字作为不公开的依据，有必要对内部文件进行全面梳理并严格控制数量、比例，将能够公开的全部公开。

四、深化和规范司法公开

公正司法是维护社会公平正义的最后一道防线。习近平总书记强调：“司法工作者要密切联系群众，规范司法行为，加大司法公开力度，回应人民群众对司法公正公开的关注和期待。”近年来，随着中国裁判文书网和12309中国检察网的开通，审判机关和检察机关的司法信息以更高效便捷的方式得到公开。湖南省委贯彻二十届三中全会精神的《决定》明确要求“深化和规范司法公开”。推进清廉湖南建设，应当持续深化与优化司法公开，以公开促公正赢公信。加强公开听证，邀请人大代表、政协委员、专家学者、律师、社区工作者等对疑难复杂案件进行公开听证、评议，帮助当事人既解“法结”，更化“心结”。向案件当事人全面公开办案进程、处理结果，向社会及时公开重要案件办理情况、法律文书，每季度发布全省司法统计数据。同时，重视保护涉案当事人隐私等合法权利，隐去相关识别信息，确保当事人及其家人生活工作、企业单位经营发展不受司法文书上网影响。常态化开展“法院开放日”“检察开放日”“监狱开放日”等活动，提高开放日活动质效。

五、推动各领域办事公开

“让权力在阳光下运行”是形象的说法，实际就是要推进权力运行公开化、规范化，完善党务公开、政务公开、司法公开和各领域办事公开制度。党的二十届三中全会在部署“健全基层民主制度”时强调“完善办事公开制度”。湖南省委贯彻二十届三中全会精神的《决定》提出，“完善办事公开常态化机制”。应当加大党务政务公开与司法、企务、校务、医务、村（居）务等不同领域、不同类型事务公开的经验共享与成果借鉴力度，统筹党务政务公开与其他领域事务公开工作，形成协调联动、相互呼应、整体推进格局，将所有公权力置于阳光之下接受监督。

第四节

靶向治权，防止权力异化变现

党的二十届三中全会强调，“深化整治权力集中、资金密集、资源富集领域腐败”。从腐败的实质与表现形式看，财政、公共资源交易、金融等钱财集中的领域是权钱交易高发区，其中发生的官商勾结、利益输送、行贿受贿等消极腐败现象特别是大案要案屡见不鲜。推进清廉湖南建设，既要有系统思维，不能有盲区，又要突出重点、靶向施治，深入推进财政、公共资源交易、金融等领域的腐败治理，做到点面结合。

一、加强对政府收支的全面预算管控

健全预算制度。完善国有资本经营预算和绩效评价制度，健全预算绩效管理激励约束机制。健全招商引资财税贡献事前评估机制和财源建设激励机制。深化国有资源、资产、资本（资金）“三资”改革，健全国有资产管理制度。加大预算公开力度。

深化零基预算改革，强化重大战略任务和基本民生财力保障。优化预算管理一体化系统，完善财政资金管理链条。加强财政直达资金管理，依托直达资金监控系统实时监控资金使用情况，强化从资金源头到使用末端的全过程、全链条、全方位监管。建立健全预算执行约束、专项资金管理、预算评审、绩效评价、政府采购等配套制度。

推进财政支出标准化，建立以基本支出标准、项目支出标准、基本公共服务支出标准、资产管理标准为主体的财政支出标准体系。规范财政国库资金管理，政府全部收入和支出实行国库集中收付管理。优化审核流程，实行全流程电子支付。

二、深化公共资源交易领域体制机制改革与突出问题专项整治

公共资源交易包括工程建设项目招投标、政府采购、医药采购、国土和矿产资源交易、国有产权交易等方面，投资密集、资源集中，历来是预防和惩治腐败的重要领域。2024年9月18日，湖南省在省公共资源交易中心召开公共资源交易领域预防和惩治腐败机制建设工作座谈会。2024年10月12日，湖南省公共资源交易领域突出问题专项整治攻坚战动员部署会在长沙召开。

深化公共资源交易领域体制机制改革。党的二十届三中全会指出："建立健全统一规范、信息共享的招标投标和政府、事业单位、国有企业采购等公共资源交易平台体系，实现项目全流程公开管理。"推进清廉湖南建设，应当健全全省公共资源交易平台体系，拓展公共资源交易平台覆盖范围，推动平台高效整合，尽快实现公共资源交易全省"一张网"；进一步优化平台功能，创新平台工作模式，积极推进平台数字化智能化，实现全省各级交易平台互联互通、共享共用。探索开展"机器评标"，建立招投标领域统一分级分类信用评价指标体系，严格执行优化政府投资工程招投标全流程工作规范。

健全公共资源交易领域腐败预防惩治机制。进一步织牢制度笼子，斩断腐败链条。健全公共资源交易制度体系，制定完善公共资源交易地方性法规，优化公共资源交易制度规则设计，及时全面清理和废止所有制歧视、行业壁垒、地方保护等不合理限制，在制度创新上大胆突破，提高资源配置效率效益。健全公共资源交易领域监管体

系，完善行政监督机制，夯实信用监管基础，提升智慧监管能力，增强公共资源交易全链条监管效能。修订完善全省公共资源交易目录，完善责任体系，抓好源头治理。对插手干预招投标的问题线索紧盯不放、深挖彻查，强化惩治震慑力度。

深化公共资源交易领域突出问题专项整治。坚持目标引领，围绕“打造阳光透明的公共资源交易环境”，在实践中着重体现公平性、准确性、及时性，减少自由裁量权滥用风险，进一步提升公共资源交易的效率效益。突出整治重点、紧盯突出问题深入开展自查自纠，坚持立行立改，对发现的问题线索紧盯不放、深挖彻查，从严处置、决不姑息，不断强化震慑力度。强化制度集成，创新和改进交易方式方法，适时修订地方性法规，健全社会信用体系，完善监督管理机制，从根子上阻断“打招呼”“打牌子”“提篮子”等行为。加强组织领导，压实工作责任，强化监督执纪问责，总结正面有益经验，曝光负面典型案件，梳理复盘存在的规律性问题，及时打补丁、堵漏洞，着力打造优质高效、规范公平、阳光透明的交易环境。

三、深化金融领域改革与专项整治

强化金融监管责任，健全监管兜底机制。坚持既管合法更管非法、管行业必须管风险，依法将所有金融活动纳入监管。全面强化机构监管、行为监管、功能监管、穿透式监管、持续监管，做到“长牙带刺”、有棱有角。明确金融监管部门和行业主管部门责任，加强监管协同。建立健全地方金融风险防范和化解机制，加快完善金融风险防控监测预警机制。推进中小金融机构改革化险。健全金融消费者保护和打击非法金融活动机制。

确保压倒性力量常在，持续深化金融领域专项整治。重点治理违规授信放贷、违规融资担保、违规举债投资，紧盯权力集中、资金密集的地方、领域、行业，重点查处国企、经济开发区等与金融领域相关的腐败问题，全方位实施联合惩戒，坚决斩断权力与资本勾连纽带，坚决防止领导干部与资本利益集团不当交往。

一体推进惩治金融腐败和防控金融风险，深化标本兼治、提升治理效能。完善大股东、实际控制人行为规范约束机制。进一步针对金融腐败特点和规律，梳理总结案件查办经验，围绕“人、事、钱、权”四个职务违法关键点，完善“查清问题、防控风险、追赃挽损、补齐短板、重塑生态”统筹衔接的办案模式，持续做好案件查办“后半篇文章”，既打掉金融腐败的“老鼠”，又护住金融资产的“玉盘”。

第6章

严管厚爱——激励鞭策干部既干净又干事

坚持严管和厚爱相结合，加强对干部全方位管理和经常性监督，落实“三个区分开来”，激励干部敢于担当、积极作为。

——2022年10月16日，习近平总书记在中国共产党第二十次全国代表大会上的报告干部廉而有为，是清廉湖南的鲜明标志。习近平总书记多次指出："全面从严治党的目的是更好促进事业发展。严管不是把干部管死，不是把干部队伍搞成一潭死水、暮气沉沉，而是要激励干部增强干事创业的精气神。"深入推进清廉湖南建设，必须坚持严管和厚爱相结合、激励和约束相统一，通过明方向、立规矩、正风气、强免疫，营造积极健康、干事创业的政治生态和良好环境，激励鞭策干部既干净又干事。

第一节

严格干部教育管理

习近平总书记深刻指出，"从严治党，必先从严治吏"，"好干部是选拔出来的，也是培育和管理出来的"。清廉湖南建设要始终凸显从严治吏，把干部教育管理融入健全全面从严治党体系过程中，增强干部教育管理工作的时代性、针对性、实效性。

一、从严教育干部

毛泽东同志曾经指出："干部教育好了，我们的事业就大有希望。不教育好干部，我们就毫无出路。"进入新时代，习近平总书记把干部教育工作摆在更加突出的位置，反复强调"不搞不教而诛"。

在健全全面从严治党体系中谋划与推进湖南干部教育工作。党的二十大首次提出"健全全面从严治党体系"。2024 年 6 月 27 日，习近平总书记首次从五个方面明确进一步健全全面从严治党体系的主要框架，其中包括健全固本培元、凝心铸魂的教育体系。这为加强和改进全党教育工作特别是干部教育工作创造了新机遇，提出了新要求。

清廉湖南建设应当加强与改进干部教育工作，坚持严的基调，为健全全面从严治党体系作出应有贡献。

深入落实《湖南省干部教育培训规划（2023—2027年）》。干部教育的途径与形式多样，其中非常重要的一种是干部培训。2023年，中共中央印发《干部教育培训工作条例》《全国干部教育培训规划（2023—2027年）》。同年，《湖南省干部教育培训规划（2023—2027年）》印发，明确了湖南省2023—2027年干部教育培训的目标任务与保障措施。全省各地各部门要围绕规划提出的目标和任务，结合二十届三中全会《决定》中“健全常态化培训特别是基本培训机制”的要求，抓好贯彻落实，强化专业训练和实践锻炼。

提高湖南干部教育质效。坚持不懈用习近平新时代中国特色社会主义思想凝心铸魂、强基固本，把学习党的创新理论作为党员干部教育的主课、必修课，贯穿理论教育、党性教育和履职能力培训全过程各方面，教育引导广大干部自觉做习近平新时代中国特色社会主义思想的坚定信仰者和忠实实践者。推动全省干部深入学习领会习近平总书记关于全面深化改革的一系列新思想、新观点、新论断，深入学习领会党的二十届三中全会精神，教育引导全省干部当好进一步全面深化改革的执行者、行动派、实干家。坚持经常性教育和集中性教育、理论武装和实践运用、强党性和增本领相结合，坚持党性党风党纪一起抓，不断完善“不忘初心、牢记使命”学习教育长效机制，深化党史教育、党纪教育、党性锤炼，引导党员干部把全面从严治党战略方针转化为自觉行动。建立“一树两严”教育常态化机制，促进干部树立和践行正确政绩观，营造严禁统计造假和严控地方政府债务风险的良好氛围。加强领导干部政德建设，督促干部修身齐家，培育良好家风。加强干部法治教育，提高干部法治思维和法治能力，促进干部严格依法履责用权。对新提拔和进一步使用干部开展任前廉政谈话，为他们系好岗前“风纪扣”。办好新任领导干部廉政教育培训班。强化同级同类警示教育，以身边事教育身边人。狠刹干部教育中的形式主义，确保干部教育风清气正，务求实在实效。

二、从严管理干部

习近平总书记指出：“好干部是选出来的，更是管出来的。严管就是厚爱，是对干部真正负责。”从严治党，重在从严管理干部，必须纠治对干部重使用轻管理现象。

旗帜鲜明反对“严过头”论调。在全面从严治党进程中，有的地方出现了所谓“为官不易”“严过头”等错误论调。应该看到，党的干部都是人民公仆，自当在其位谋其政，既廉又勤，既干净又干事。如果组织上管得严一点、群众监督多一点就感到受不了，就说“为官不易”，那是境界不高、不负责任的表现。习近平总书记指出：“我一再强调，领导干部要严以修身、严以用权、严以律己，谋事要实、创业要实、做人要实。这些要求是共产党人最基本的政治品格和做人准则，也是党员、干部的修身之本、为政之道、成事之要。我们现在对党员、干部的要求是不是过严了？答案是否定的。很多要求早就有了，是最基本的要求。现在的主要倾向不是严了，而是失之于宽、失之于软，不存在严过头的问题。”应当始终坚持严的基调，把从严管理干部贯彻落实到干部队伍建设全过程。

牢牢把握从严管理干部的根本遵循。习近平总书记指出，从严管理干部，总的是要坚定理想信念，加强道德养成，规范权力行使，培育优良作风，使各级干部自觉履行党章赋予的各项职责，严格按照党的原则和规矩办事；要做到管理全面、标准严格、环节衔接、措施配套、责任分明。

加强干部全方位管理和经常性监督。按照健全全面从严治党体系特别是健全精准发力、标本兼治的监管体系这个新要求，把干部管理与干部监督贯通起来，在管理中监督，在监督中管理，完善从严管理监督干部机制。管好“关键少数”，加强对主要领导干部和领导班子的管理监督，突出对权力集中、资金密集、资源富集领域和重点岗位干部的管理监督，着力管好关键人、管到关键处、管住关键事、管在关键时。建好用好领导干部廉政档案，严格执行领导干部报告个人有关事项、兼职、出国（境）、离职后从业管理、“裸官”管理等规定，健全规范领导干部配偶、子女及其配偶经商办企业行为常态化管理机制。强化各级党组织管理监督责任，在日常管理与日常监督上下功夫，坚持抓早抓小、防微杜渐，发现苗头性、倾向性问题及时批评教育，经常敲响思想警钟，使“咬耳扯袖”“红脸出汗”成为常态。把八小时之内的管理和八小时之外的管理贯通起来，加强对八小时之外的管理。用科学的办法进行管理，切实管到位、管到点子上。干部管理是一门科学，要敢抓善管、精准施策，体现组织的力度；也是一门艺术，要撑腰鼓劲、关爱宽容，体现组织的温度。完善干部管理监督信息成果共享机制，充分利用各方面干部管理监督信息成果。

三、从严从实加强年轻干部教育管理

年轻干部是党和国家事业发展的生力军，是中国特色社会主义事业的接班人。新征程上，年轻干部重任在肩、大有可为。年轻干部在清廉湖南建设中责任重大，既需要他们积极主动承担起应有责任，又需要党组织加强对他们的教育管理监督，防止出现年轻干部“前脚刚踏上仕途，后脚就步入歧途”现象。

紧扣“五个自觉”。在 2024 年春季学期中央党校（国家行政学院）中青年干部培训班开班之际，习近平总书记从党和国家事业发展后继有人的战略高度，对年轻干部作出“五个自觉”的重要指示，即要自觉做党的创新理论的笃信笃行者，自觉做对党忠诚老实的模范践行者，自觉做矢志为民造福的无私奉献者，自觉做勇于担当作为的不懈奋斗者，自觉做良好政治生态的有力促进者。这“五个自觉”相互贯通、紧密联系、内在统一，是一个具有丰富内涵的有机整体，为新时代新征程年轻干部成长成才提供了行动指南。应当聚焦“五个自觉”，从严从细做好年轻干部的教育管理工作，促进年轻干部锤炼绝对忠诚的政治品格、练就扎实过硬的能力本领、涵养人民至上的真挚情怀、坚守清正廉洁的从政底线，成为党和人民忠诚可靠的干部。

落实《湖南省干部教育培训规划（2023—2027年）》规定的“年轻干部理想信念强化计划”。各级组织人事部门结合优秀年轻干部专题调研，制订年轻干部培训工作计划，分类分级开展年轻干部培训，5年内完成轮训。各级党校（行政学院）每年分层次举办中青年干部培训班，各级各类培训班次应注意安排一定数量的年轻干部参加。各地各部门根据年轻干部不同成长阶段特点，加强初任培训、任职培训、在职培训和实践锻炼。省委组织部、省委党校（湖南行政学院）每年举办全省选调生示范培训班，各地结合实际定期组织新录用公务员、选调生开展专题培训。各级党委（党组）负责同志发挥示范引领作用，在年轻干部培训班讲好“开班第一课”。在年轻干部培训中探索推行“政治辅导员”“导师帮带”制度，定期开展谈心谈话、理论辅导等活动。依托韶山干部学院和党性教育现场教学点就近就便开展年轻干部政治培训，广泛开展以深入基层、深入群众为主要形式的沉浸式培训，加强宗旨观念和优良作风教育。

完善日常发现、跟踪培养、适时使用、从严管理优秀年轻干部的常态化工作机制。完善年轻干部到一线吃劲岗位实践锻炼制度。坚持越是重点选拔的越要重点管理、越是有培养潜力的越要严格要求，引导年轻干部对党忠诚老实，坚定理想信念，牢记初心使命，正确对待权力，时刻自重自省，严守纪法规矩，扣好廉洁从政的“第一粒扣子”。

第二节

持续强化正风肃纪

党的二十大报告强调“坚持以严的基调强化正风肃纪”。推进清廉湖南建设，应当深刻把握作风建设和纪律建设的新形势新任务新要求，保持严的基调不动摇，以正风肃纪为重要抓手为奋进新征程保驾护航。

一、深入贯彻中央八项规定精神

新时代以来，党中央以八项规定为突破口和动员令，开启了我们党激浊扬清的作风之变，赢得了党心民心。“逆水行舟用力撑，一篙松劲退千寻。”党中央明确，中央八项规定不是五年、十年的规定，而是长期有效的铁规矩、硬杠杠。新时代新征程，落实中央八项规定精神只能紧、不能松，绝不能有松劲歇脚、疲劳厌战的情绪。

高质量开展深入贯彻中央八项规定精神学习教育。把清廉湖南建设与学习教育有机结合起来，以学习教育促进清廉湖南建设。坚持一体推进“学查改”，确保学有质量、查有力度、改有成效。在深学细研上下功夫，组织党员干部原原本本学习领会习近平总书记关于加强党的作风建设的重要论述和中央八项规定及其实施细则精神，做到入脑入心、见行见效。在问题查摆上动真格，对照中央要求，全面深入查找在落实中央八项规定及其实施细则精神方面存在的突出问题，列出清单、深挖根源，真正使查摆问题的过程成为锤炼党性作风、提高免疫力的过程。加强警示教育，让党员干部受警醒、明底线、知敬畏。在整改整治上出实招，坚持立查立改、即知即改，奔着问题去、盯着问题改，以集中整治成果检验学习教育成效。在开门教育上求实效，坚持走好新时代党的群众路线，践行“四下基层”（宣传党的路线、方针、政策下基层，调查研究下基层，信访接待下基层，现场办公下基层）优良传统，深化“走找想促”（走基层、找问题、想办法、促发展），广泛征求群众对党员干部贯彻中央八项规定及其实施细则精神的意见建议，把群众满意不满意作为根本标准，让老百姓感受到学习教育带来的新气象新变化。

进一步准确把握与贯彻落实中央八项规定精神的系列要求。准确把握“小切口、第一步”的重要要求，密切关注和分析研判湖南党风廉政建设面临的新形势、新情况、新问题、新规律，聚焦歪风积弊靶向施策，久久为功。准确把握“自上而下、以上率下”的重要要求，时时处处与党中央决策部署和要求对标对表，破除特权思想、杜绝特权行为，切实增强贯彻落实的主动性与坚定性，推动全面从严治党主体责任和监督责任一贯到底。准确把握“保持党同人民群众的血肉联系”的重要要求，坚持把实现好、维护好、发展好最广大人民根本利益作为贯彻落实的出发点和落脚点，坚持问题导向转作风、优服务、强担当，鼓励全省各级干部讲实话、干实事。准确把握“坚持正风肃纪反腐相贯通”的重要要求，坚持党性党风党纪一起抓，健全风腐同查同治体制机制，坚决斩断“由风及腐”的链条。准确把握“铁规矩、硬杠杠”的重要要求，坚持严字当头、全面从严、一严到底，以强有力的监督、执纪、问责推动贯彻落实向“末梢”延伸。

二、推进作风建设常态化长效化

不降调不变调，保持作风建设定力。作风问题具有顽固性和反复性，形成优良作风不可能一劳永逸，克服不良作风也不可能一蹴而就。必须完善作风建设常态长效机制，把党的好传统带进新征程，将好作风弘扬在新时代。压紧压实全省各级党委（党组）作风建设政治责任，把落实中央八项规定精神作为清廉湖南建设的重要任务，作为各级领导干部年度述职述廉重要内容，定期开展抽查。加大典型案例通报曝光力度，让严的基调、严的标准、严的氛围不断强化，释放出作风建设永远在路上的鲜明信号。

激浊与扬清并重，驰而不息纠“四风”树新风。作风建设既是攻坚战，又是持久战。作风建设要实现常态长效，必须坚持纠树并举、激浊与扬清并重。科学把握作风建设地区性、行业性、阶段性特点，抓住普遍发生、反复出现的问题深化整治，持续纠治形式主义、官僚主义、享乐主义和奢靡之风，从严查处“舌尖上的浪费”“会所中的歪风”“车轮上的铺张”“笔尖上的浮夸”。同步建立常态化工作机制，注重围绕解决“四风”问题，一体改进学风、文风、会风，全面改进思想作风、工作作风、领导作风、生活作风。把纠治“四风”实践成果同深化改革、完善制度、促进治理贯通起来，形成制度规范、促进制度执行，并转化为树立新风、弘扬正气的综合效能。

化风成俗，以优良党风带动社风民风向好向善。党员的先进性与纯洁性，不仅要体现在生产、工作和学习中，也要体现在日常生活和社会交往中。建设清廉湖南，要大力发挥党员、干部示范效应，以优良党风引领带动社风民风。弘扬清廉之风，以落实《关于加强新时代廉洁文化建设的意见》为抓手，推动形成清清爽爽的同志关系、规规矩矩的上下级关系、亲清统一的新型政商关系。大兴务实之风，弘扬湖湘文化的实事求是精神，着力营造求真务实、开拓创新的干事氛围。养成俭朴之风，督促各级机关和领导干部在厉行勤俭节约、反对铺张浪费上发挥示范作用，促推移风易俗，全方位营造清廉社会生态。坚决落实《党政机关厉行节约反对浪费条例》各项规定，扎实推进节约型机关建设，在全社会进一步营造浪费可耻、节约光荣的浓厚氛围。

三、重点纠治形式主义、官僚主义

党的二十大报告强调，“重点纠治形式主义、官僚主义”，指明了正风肃纪的靶向所在、重心所在。二十届三中全会《决定》与湖南省委贯彻二十届三中全会精神的《决定》均强调“健全防治形式主义、官僚主义制度机制”。

持续落实湖南省委“十二个不得”硬杠杠硬举措。坚持从讲政治高度整治形式主义、官僚主义，持续精简会议文件，统筹规范督查检查考核，规范创建示范和评比达标活动。提高调研质量，下大气力解决督检考过频过繁问题。从省直机关抓起、厅局级干部改起，聚焦影响党中央决策部署和省委工作要求落实落地现象加强监督检查，督促纠正一切不担当不作为、推脱躲绕、不思进取的躺平行为。下更大气力纠治督检考过多过频、工作过度留痕、任务层层加码、App 泛滥、浪费资财摆展板等“有人喜欢看、有人卖力演”的问题，防止问题反弹回潮，切实把基层干部从“文山会海”中解脱出来。

紧盯问题、靶向施治。充分发挥省级层面整治形式主义对基层减负专项工作机制的统筹协调、牵头抓总作用，激发特约监察员、基层监测点“监督前哨”作用，紧盯对政策举措和工作部署片面理解、机械执行、野蛮操作问题，纠治简单化、“一刀切”、层层加码行为；紧盯玩忽职守、“躺平”不作为问题，纠治在其位不谋其政、麻痹松懈、推诿扯皮、敷衍塞责、懒政怠政行为；紧盯任性用权乱作为问题，纠治不尊重规律、不尊重客观实际、不尊重群众需求，随意决策、盲目决策、违规决策和乱投资行为；紧盯权力观异化、政绩观扭曲、事业观偏差问题，纠治“堆盆景”、搞“形象工程”、数据造假、违反财经纪律、加重基层负担等行为。突出靶向施治，对典型问题一一列出清单，全部进库管理，加大力度、紧盯不放，严格按照时间节点逐一对账销号，并持续推动举一反三、核查通报、整改整治，切实见到成效。

从思想源头和制度机制上治本。湖南省委贯彻二十届三中全会精神的《决定》所附的“重点推进改革事项清单（第一批）”，将“健全有效防范和纠治政绩观偏差工作机制”作为12个改革事项之一。教育引导干部树牢正确的政绩观，切实把对上负责与对下负责统一起来。扎实推进“走基层、找问题、想办法、促发展”常态化长效化。聚焦“减负”和“赋能”两个关键词持续发力，既针对突出问题治标，又进一步向基层放权赋能，持之以恒抓基层、强基础、固基本。全面推行“无扰督查、有界考评、多方赋能、限量清单、智治融合”五项机制，坚决防止出现新的形式主义。加快制定赋权清单，推动更多社会资源、管理权限和民生服务下放到基层，人力、物力、财力投放到基层。厘清不同层级、部门、岗位之间的职责边界，落实全面建立乡镇（街道）履行职责事项清单工作，健全为基层减负长效机制。强化建章立制，把“当下改”和“长久立”结合起来，健全全链条防治形式主义的制度体系，推动从“解决一个问题”向“解决一类问题”延伸。省级层面专项机制发挥牵头抓总作用，省直单位当好表率，强化督促落实，凝聚工作合力。

四、深化党的纪律建设

习近平总书记指出：“加强党的纪律建设是一项经常性工作，要引导党员、干部把他律转化为自律，内化为日用而不觉的言行准则。”必须深化党的纪律建设，充分发挥纪律建设的标本兼治作用。

巩固深化党纪学习教育成果。建立常态化、长效化的纪律教育机制，使纪律教育贯穿干部成长全周期、融入组织管理全过程。突出重点内容、重点对象，推进纪律教育方式创新。坚持学用结合，把党纪学习教育成果体现在对标对表抓落实的政治忠诚上，体现在经常校正行动偏差的纪律自觉上，体现在真抓实干的担当作为上，转化为推动各项事业高质量发展的强大动力。

强化纪律执行。习近平总书记强调："严格执行和维护党的纪律，是全党的共同责任。各级党委（党组）要承担好主体责任，党组织书记要履行好第一责任人职责，其他领导班子成员要履行好'一岗双责'，一级带一级，推动党的纪律建设不断取得新成效。"坚持执纪必严、违纪必究，切实维护纪律的刚性、严肃性。

推动形成约束激励并重、敢于担当作为的良好氛围。习近平总书记强调，党的纪律既有教育约束功能，又有保障激励作用。党的纪律和干事创业是内在统一的。纪律既明确了不能触碰的底线和边界，也为党员、干部干净干事、大胆干事提供了行动准绳。遵规守纪，就会拥有干事创业的充分自由和广阔空间。党的纪律为正确行使权力、防止以权谋私划出了底线、设置了禁区，是党员、干部保持清正廉洁的安全防护栏。敬畏纪律、遵守纪律，就能抵御腐蚀，百毒难侵。在纪律建设中，应当坚持实事求是、毋枉毋纵，抓早抓小、防微杜渐，把从严管理监督和鼓励担当作为统一起来，使干部在遵规守纪中改革创新、干事创业。

坚持党性党风党纪一起抓。习近平总书记强调："党性、党风、党纪是有机整体，党性是根本，党风是表现，党纪是保障。"作风问题本质上是党性问题。党性修养好、党性坚强，遵守党纪就会更加自觉。强党性、正党风、严党纪一体推进，集中体现了新时代管党治党的系统思维，是清廉湖南建设的重要方法论。教育引导领导干部把锤炼党性、提高思想觉悟作为终身课题，活到老、学到老、修养到老；把政治修养摆在党性修养的首位，从党的创新理论中汲取党性滋养，把学习遵守贯彻党章党规党纪作为党性修养的重要内容。始终坚持零容忍，严肃查处顶风违纪、隐形变异的"四风"问题，督促党员、干部坚决反对特权思想和特权现象，树牢正确权力观、政绩观、事业观。

第 三 节

深入治理腐败问题

习近平总书记在二十届中央纪委三次、四次全会上分别指出："面对依然严峻复杂的形势，反腐败绝对不能回头、不能松懈、不能慈悲，必须永远吹冲锋号。""反腐败斗争必须坚定不移，任何犹豫动摇、松懈手软或半途而废，都将犯颠覆性错误。"近年来，湖南反腐败斗争不断取得新进展新成效，但也要清醒认识到，反腐败斗争形势依然严峻复杂，一些重要领域和关键岗位腐败问题仍然易发高发，铲除腐败滋生土壤和条件任务仍然艰巨繁重。必须以历史眼光、从战略高度清醒认识反腐败斗争的严峻复杂形势，保持战略定力、廓清思想迷雾，进一步坚定反腐败斗争的决心和信心，一以贯之、一步不停地推动反腐败斗争向纵深发展。

一、始终保持反腐败高压态势

坚持反腐败无禁区、全覆盖、零容忍，把严的基调、严的措施、严的氛围长期坚持下去。坚持全面从严治党首先从政治上看，注重从政治问题查起，重点查处政治问题和经济问题交织的腐败案件、干部群众反映强烈的"一把手"腐败问题。紧盯新的经济业态和产业模式中的腐败新表现，精准辨识、有力惩治"影子股东""期权腐败""交易型腐败""放贷牟利"等新型腐败和隐性腐败，深挖彻查滥用职权、失职渎职等问题。深化惩治"蝇贪蚁腐"，围绕乡村振兴、医疗卫生等领域的民生痛点问题开展系统整治，一贯到底推动正风肃纪反腐向基层延伸。深入开展“天网行动”，加大跨境腐败惩治和追逃防逃追赃力度，健全追逃防逃追赃机制。

二、对重点问题、重点领域、重点对象着重抓、着力查

二十届三中全会《决定》与湖南省委贯彻二十届三中全会精神的《决定》均提出，“深化整治权力集中、资金密集、资源富集领域腐败，严肃查处政商勾连破坏政治生态和经济发展环境问题”。把严惩政商勾连腐败作为重中之重，坚决防止各种利益集团、权势团体向政治领域渗透。坚决惩治金融、能源、医药、教育和乡村振兴、工程建设、公共资源交易等重点领域腐败。严肃查处滥用职权、玩忽职守、违规决策造成国有资产重大损失问题。紧盯重点对象，坚决查处“一把手”腐败，严查“裙带腐败”“衙内腐败”。紧盯选人用人腐败问题，既查跑官要官干部本人，又查“中间人”，还查接受请托的领导干部，严厉打击政治骗子和政治掮客。持续深化领导干部利用职权或影响力为亲友牟利、领导干部子女互相请托办事等问题的专项整治，筑牢拒腐防变的家庭防线。

三、深化风腐同查同治

坚持正风肃纪反腐相贯通，以“同查”严惩风腐交织问题，以“同治”铲除风腐共性根源。深化全省“两带头五整治”纠风防腐专项行动，坚持风腐一体同查、同审、同析、同治，既“由风查腐”，又“由腐纠风”，坚决斩断由风及腐、由风变腐的勾连纽带。深化治理发生在领导干部身上的不正之风与腐败问题，对“吃喝风”“打牌风”“红包风”“送礼风”等享乐奢靡之风露头就打，从严从重惩治查处生活腐化、严重败坏干部形象的典型案件。有效防治隐形变异现象，精准发现、从严处理“吃公函”“吃食堂”“吃老板”“吃下

级”“快递送礼”和借培训考察、党建活动名义公款旅游等问题。完善细化对形式主义、官僚主义的惩戒机制，紧盯权力观扭曲、政绩观错位现象，着力纠治急功近利、竭泽而渔、劳民伤财搞政绩工程、数据造假等问题，推动党员干部多在实效上用真功夫，少在形式上动歪脑筋。坚决纠治“新官不理旧账”、违规收费、逐利执法、“小过重罚”等问题，推动营造公平公正、公开透明的营商环境。坚决纠治热衷于对上表现、不对下负责、不考虑实效的形式主义、官僚主义，持续为基层减负赋能。深化检举举报平台应用，主动靠前监督，建立健全快查快处机制。

四、持续深化整治群众身边不正之风和腐败问题

坚持“党委政府主责、纪委牵头抓总、部门协同联动、市县主抓主战”，逐级拧紧责任螺丝，防止松劲懈怠、疲劳厌战。加大领导干部带件下访、下沉督导、蹲点调研、明察暗访等工作力度，及时发现、推动解决群众反映强烈的突出问题。聚焦“县以下”这一关键环节，对群众反映多、整治成效不明显的工作薄弱县，加强督促指导，强化支持保障，提高整治质效。继续加大“蝇贪蚁腐”查处力度，严惩贪污侵占、截留挪用、虚报冒领、吃拿卡要等行为，坚决斩断伸向群众利益的“黑手”。持续推进扫黑除恶，加大对黑恶势力保护伞、关系网的打击力度。继续深化“校园餐”和农村集体“三资”管理突出问题整治，扎实推进整治殡葬领域腐败乱象专项行动，开展乡村振兴资金使用监管、医保基金管理、养老服务突出问题专项整治。加强“人情风”“人情腐败”治理，坚决纠治“腐败亚文化”，让群众感受到新风正气就在身边。

五、完善一体推进“三不腐”机制，着力铲除腐败滋生的土壤和条件

坚持标本兼治、系统施治，把强化“不敢腐”的震慑力、“不能腐”的约束力、“不想腐”的感召力统筹起来，强化一体推进“三不腐”的协同性，通过同向发力，实现反腐败效应叠加。

持之以恒净化政治生态。破“潜规则”、立“明规矩”，坚决防止搞“小圈子”“拜码头”“搭天线”，有力打击各种政治骗子，严格防止把商品交换原则带到党内，及时消除政治隐患。

完善“四种形态”运用机制。以高压态势、严查严处为坚强后盾，在用好第一种形态上下功夫，强化日常监督，发现问题及时谈话提醒、批评教育，促进党员干部更加相信组织，更加严格要求自己。

扎实做好案件查办的“后半篇文章”。加强同级同类警示教育，开好案后专题民主生活会，深化运用忏悔录、警示教育片，提高教育覆盖面和有效性。扎实做好以案促改工作，把个案分析与类案剖析相结合，加强全流程“查剖改”，推动重点领域深化体制机制改革，坚决清除系统性风险隐患。

不断完善反腐败机制。完善权力配置和运行制约机制。完善加强新时代廉洁文化建设和领导干部家风建设的制度机制。持续加强公权力大数据监督平台建设，以科技手段赋能正风反腐。

深化受贿行贿一起查。坚决查处那些拉干部下水、危害一方的行贿人，完善行贿人信息库，完善对重点行贿人的联合惩戒机制，通报典型案例，以正视听、以儆效尤。严查利益链条，加大对行贿所获不正当利益的追缴和纠正力度，切实提高行贿成本。强化对行贿、介绍行贿、洗钱等腐败关联犯罪的全链条惩治，有效遏制行贿人“一本万利”的行为动机，进一步压缩“围猎”空间。

第四节

构建亲清政商关系

腐败的一个突出特点是官商勾结、权钱交易，即政治问题与经济问题交织。构建健康的政商关系，是反腐倡廉的一个基本课题。2016年3月4日，习近平总书记在参加全国政协十二届四次会议民建、工商联界委员联组会时说："我常在想，新型政商关系应该是什么样的？概括起来说，我看就是'亲''清'两个字。"一句"我常在想"，表明习近平总书记对新型政商关系的高度重视，"亲""清"二字乃深思熟虑的思想结晶，是习近平总书记对新型政商关系的点睛之笔。2020年，湖南省纪委办公厅印发《关于规范政商交往推动构建亲清政商关系的意见》，既督促党政机关和公职人员认真履职、与企业正常交往，又列出负面清单、厘清交往界线，为政商交往提供了一张"明白卡"。湖南省委贯彻二十届三中全会精神的《决定》提出，要全面构建亲清政商关系，健全政企沟通机制。建设更高水平的清廉湖南，必须在全面构建亲清政商关系上发力，杜绝官商勾结、钱权交易现象。

一、聚焦亲清特质，坚持亲清兼备交融

过去一段时间内，一些领导干部与民营企业家对彼此之间如何交往感到迷茫，在实践中有所偏差，甚至走入误区。有鉴于此，习近平总书记指出，为了推动经济社会发展，领导干部同非公有制经济人士的交往是经常的、必然的，也是必需的。这种交往应该为君子之交，

要亲商、安商、富商，但不能搞成封建官僚和“红顶商人”之间的那种关系，也不能搞成西方国家大财团和政界之间的那种关系，更不能搞成吃吃喝喝、酒肉朋友的那种关系。习近平总书记还明确提出“亲”“清”的指导方针。对领导干部而言，所谓“亲”，就是要坦荡真诚地同民营企业接触交往，特别是在民营企业遇到困难和问题情况下更要积极作为、靠前服务，对非公有制经济人士多关注、多谈心、多引导，帮助解决实际困难，真心实意支持民营经济发展；所谓“清”，就是同民营企业家的关系要清白、纯洁，不能有贪心、私心，不能以权谋私，不能搞权钱交易。对民营企业家而言，所谓“亲”，就是积极主动同各级党委、政府及部门多沟通多交流，讲真

专栏 6-1

湖南构建亲清政商关系助力民营经济发展

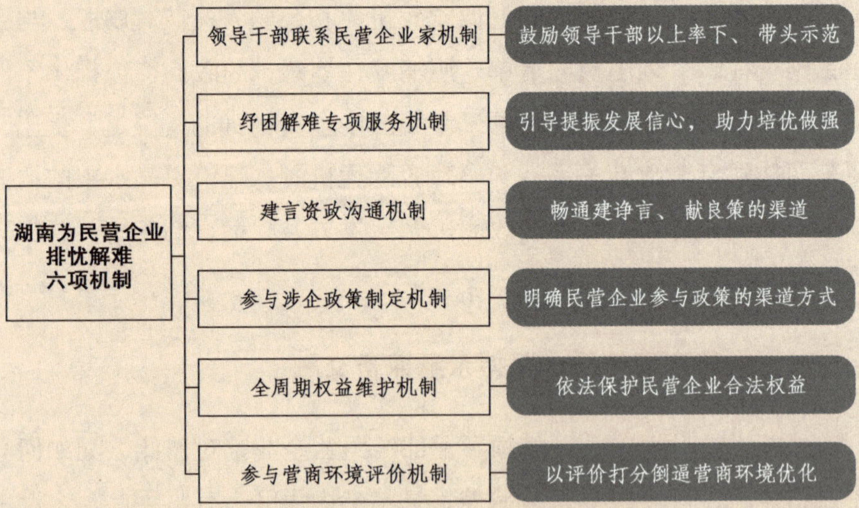

（资料来源：全国干部培训教材编审指导委员会组织编写《推进和拓展中国式现代化案例选：政治·法治篇》，人民出版社、党建读物出版社 2024 年版。本书编写组根据相关内容绘图。）

话，说实情，建诤言，满腔热情支持地方发展；所谓“清”，就是要洁身自好、走正道，做到遵纪守法办企业、光明正大搞经营。企业经营遇到困难和问题时，要通过正常渠道反映和解决，如果遇到政府工作人员故意刁难和不作为，可以向有关部门举报，运用法律武器维护自身合法权益。靠旁门左道、歪门邪道搞企业是不可能成功的，不仅会败坏社会风气，自己心里也会不踏实。

习近平总书记的重要论述，为正确处理政商关系指明了方向。亲清政商关系涉及政与商两方，以“亲＋清”为特质。亲与清既有区别，亦有联系，相辅相成，缺一不可。现实中存在的亲而不清、清而不亲、不清不亲现象，都不符合亲清政商关系的要求。

二、督促认真履职，促进政商正常交往

党政机关及公职人员尤其是领导干部在与民营企业及其负责人交往中，要全面履行职责，带头帮助企业解决实际困难，营造尊商重商的浓厚氛围，让企业在湖南办得成事、雇得到人、赚得到钱，充分被尊重。

落实惠企政策。全面贯彻落实党中央、国务院以及省委、省政府关于优化营商环境、促进非公有制经济发展等重大决策部署，严格执行减税降费等各项惠企政策，及时研究解决政策落实中的具体问题。加大惠企政策宣传力度，定期梳理汇总，通过网上集中公开、送政策上门等多种方式，及时做好各类惠企政策解读工作，做到谁出台就谁宣传、谁落实。既要重视提供优惠政策，更要在营造公平、透明、可预期的市场环境上下功夫，降低市场不确定性，进一步强信心、稳预期。

优化涉企服务。更加注重经营主体的实际感受和活跃程度，持续推进数字政务建设和“一件事一次办”“高效办成一件事”，推动全省营商环境再优化再提升。全面推行行政许可和公共服务标准化，深

入推进“互联网＋政务服务”，推动政务服务事项由实体政务大厅向网上办事大厅延伸，实现集中办理、网上办理、异地办理。需要企业补正有关材料、手续的，应当一次性告知需要补正的内容。鼓励领导干部与企业家正常交往，做到多关注、多谈心、多引导。做实党政领导干部联系企业制度，防止只挂名不履职、只联系不服务。充分发挥商会、行业协会的作用，广泛收集并主动听取企业及其负责人的意见和建议。对企业负责人向领导干部反映问题、表达诉求的，要及时回应、帮助解决，不能置之不理。

维护合法权益。聚焦市场准入、要素获取、公平竞争三个着力点推动市场化，严格落实市场准入负面清单，持续降低物流、融资、用能等成本，一视同仁对待各类经营主体。在项目审批、融资服务、财税政策、土地使用、公共资源交易等方面对国有企业和民营企业一视同仁，对本地企业和外来投资企业一视同仁。切实维护企业合法权益，不得因政府换届、规划调整、政策变更等损害企业合法权益。加大涉企遗留问题解决力度，防止“新官不理旧账”。规范审慎查办涉企案件，依法保障企业及其负责人合法权益；尽量减少冻结企业合法账户，对调查清楚的，及时解除冻结。

助力企业发展。公职人员可以依规参加企业和商会、行业协会举办的外出考察调研、双招双引、项目申报、产品推介等活动。积极组织企业和商会、行业协会参加旨在推介企业产品、服务的展销会、洽谈会、博览会等经贸交流活动，也可以组织企业和商会、行业协会相关人员参加政策宣传、人才培训、新技术推广应用等活动。

加强政商交流。根据工作需要，公职人员可以参加企业和商会、行业协会举办的座谈会、茶话会、年会等各类公开商务活动。到企业开展检查、调研等公务活动，因工作原因误餐的，可以参照公务接待标准在企业就餐。邀请企业和商会、行业协会相关人员参加活动的，可以按规定安排公务用餐。参加企业外出类活动，可以搭乘企业统一安排的交通工具，可以与企业人员一同就餐、住宿，但必须遵守国内差旅有关规定，并结清差旅费用。

三、列出负面清单，厘清政商交往界线

党政机关及公职人员尤其是领导干部，在与民营企业及其负责人交往中，应当以党纪政纪、法律法规为准绳，不越纪、不触法、不谋私。

严禁牟取个人私利。不得向企业及其负责人托办个人事项、承揽企业业务，或者以明显低于市场的价格购买企业产品或者服务。不得向企业摊派或者报销应当由单位或者个人负担的费用，或者将个人消费开支转由企业及其负责人买单。不得违规向企业及其负责人借贷资金，或者变相占用、使用企业汽车、房屋等物品。

严禁违规获取薪酬。不得违规在企业任职或者挂名、挂证领取薪酬、奖金、津贴，或者以担任顾问、提供中介服务为名向企业及其负责人收取咨询费或者其他好处。不得违规安排配偶、子女及其配偶等亲属和其他特定关系人，到企业担任高级职务或者挂名领薪、兼职取酬。

严禁违规收受财物。不得收受企业及其负责人赠送的可能影响公正执行公务的礼品、礼金、消费卡（券）和有价证券、股权、其他金融产品等财物，或者收受其他明显超出正常礼尚往来的财物。不得接受企业及其负责人提供的可能影响公正执行公务的宴请或者旅游度假、娱乐保健等活动安排。

严禁违规干预经营。不得违规干预和插手市场经济活动，损害企业合法权益或者为企业及其负责人谋取不正当利益。不得在政府资金安排、土地供应、税费减免、资质许可、标准制定、项目申报、职称

评定、人力资源等方面，制定或者实施歧视性政策措施，区别对待各类市场主体。

严禁滥用监管职权。不得在行政管理中滥用自由裁量权，对企业乱检查、乱摊派、乱收费、乱罚款、乱募捐、乱扣留。不得在监督管理服务中吃拿卡要、人为设置障碍或者违规指定中介服务机构。不得违反法定权限、条件、程序对市场主体的财产和企业经营者的个人财产实施查封、冻结、扣押。

第五节

激励干部担当作为

党的二十届三中全会要求，“落实‘三个区分开来’，激励干部开拓进取、干事创业”，“着力解决干部乱作为、不作为、不敢为、不善为问题”。湖南省委贯彻二十届三中全会精神的《决定》提出，落实“三个区分开来”，完善激励干部担当作为政策措施。敢于担当、善于作为，是好干部的必备素质，也是干事创业的必要条件。建设清廉湖南，要把从严管理监督和鼓励担当作为统一起来，持续营造以干部敢为带动地方敢闯、企业敢干、群众敢首创的浓厚氛围。

一、以正确用人导向引领干事创业导向

对干部最大的激励是正确用人导向，用好一个人能激励一大片。新时代是奋斗者的时代，要进一步树立讲担当、重实绩的用人导向，加强对敢担当善作为干部的激励保护。

鲜明树立选人用人正确导向，让“有为者有位”。坚持好干部标

准，突出信念过硬、政治过硬、责任过硬、能力过硬、作风过硬，大力选拔政治过硬、敢于担当、锐意改革、实绩突出、清正廉洁的干部。坚持从对党忠诚的高度看待干部是否担当作为，注重从精神状态、作风状况考察干部的政治素质，既看日常工作中的担当，又看大事要事难事中的表现。坚持有为才有位，突出实践实干实效，让那些想干事、能干事、干成事的干部有机会有舞台。

完善领导班子调整配备要素分析法，选优配强各级领导班子。注重选优配强党政正职。优化领导班子年龄结构，坚持老中青结合梯次配备。健全培养选拔优秀年轻干部常态化机制，统筹用好各年龄段干部。优化领导班子专业结构，完善来源、经历结构，树立重视基层、重视实践导向，拓宽选人视野。合理配备女性干部、少数民族干部和党外干部。落实领导干部任期制，健全领导班子主要负责人变动交接制度。

推进领导干部能上能下常态化，加大调整不适宜担任现职干部力度。领导干部能上能下是激发干部队伍活力、保持组织机能健康的内在要求。2022 年 9 月，中共中央办公厅发布修订后的《推进领导干部能上能下规定》，为做好这项工作提供了制度遵循。要把工作重心放在调整不适宜担任现职干部、推动“庸者下”上，切实解决干部不担当、不作为、乱作为等问题。细化“下”的情形，规范“下”的程序，营造“下”的氛围，压实“下”的责任，积极稳妥地加以推进。综合用好干部考核考察、日常了解和巡视巡察、审计、统计、信访等方面成果，让干部“下”之有据。加强对调整下来的干部的教育管理，跟踪了解其现实表现，对干得好的可以重新使用，形成能上能下的良性循环。

二、完善精准追责问责实施办法

有权必有责，有责要担当，失责必追究。用好问责利器，坚持严肃、规范、精准追责问责，既防止问责乏力，也防止问责泛化。督促党组织和党的领导干部强化责任意识，激发担当精神，而不是束缚干部干事创业的手脚。

落实“三个区分开来”。正确把握干部在工作中出现失误错误的性质和影响，综合考虑主客观因素，坚持权责一致、错责相当原则，充分考量不予问责或者免予问责的情形，以保护和激发干部改革创新、攻坚克难的积极性，为敢于担当作为的干部撑腰鼓劲，营造干事创业的良好氛围。

专栏 6-2

三个区分开来

2016 年 1 月 18 日，习近平总书记首次提出“三个区分开来”。

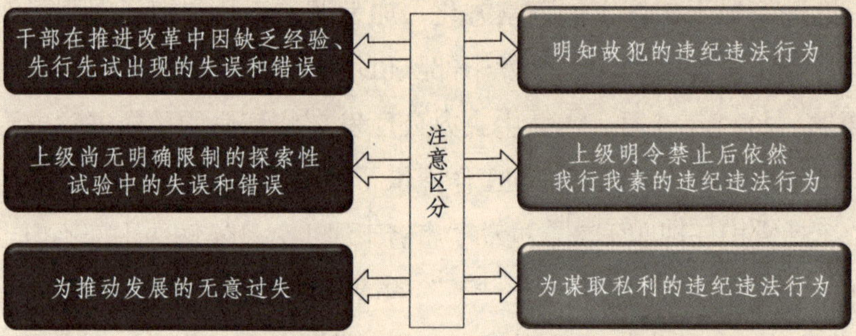

（资料来源：本书编写组绘制。）

坚持不枉不纵。坚持历史辩证地看待和处理改革发展不同时期、不同条件下出现的不同问题，综合考虑问题发生的主观动机、客观条件、程序方法和问题性质、后果影响、处置方式等，做到认真甄别、准确研判、妥善处置。不搞层层加码，不人为扩大追责范围。强化对党员干部的日常提醒教育，改进谈话和函询工作方法，提高轻处分案件的办理效率。

坚持惩前毖后、治病救人。一方面，被问责的领导干部应当写出书面检讨，并在民主生活会、组织生活会或者党的其他会议上作出深刻检查；建立健全问责典型问题通报曝光制度，充分发挥问责典型案例的警示作用；要求被问责党组织、被问责领导干部及其所在党组织明确整改措施，实现以案促改。另一方面，正确对待被问责干部，对影响期满、表现好的干部，符合条件的，按照干部选拔任用有关规定正常使用。

三、建立健全容错纠错机制

充分发挥容错纠错机制的激励保护作用，让干部敢为、地方敢闯、企业敢干、群众敢首创在湖南蔚然成风。

合理把握容错的界限和情形。结合各方面对干部的失误、错误进行综合分析，对该容的大胆容，不该容的坚决不容：看主观动机，是出于公心还是谋取私利；看客观条件，是不可抗力、客观条件不具备、上级政策调整、历史遗留问题等客观原因造成的，还是主观故意、失职渎职；看程序方法，是严格执行“三重一大”决策制度等程序民主决策、严格遵守请示报告制度，还是个人专断、一意孤行，隐瞒不报、谎报或者拖延报告；看问题性质，是探索创新中的失误和错误，还是有令不行、有禁不止、违纪违法；看后果影响，是因失误和错误造成一定程度的损失和不良影响，还是因岗位职责履行不到位造成重大事故、重大损失和恶劣影响；看处置行为，是主动止损还是消极应对。

推出一批落实“三个区分开来”的典型案例。推动容错纠错从“事后补救”向“事前保护”转变，为敢闯善为干部提气鼓劲。对近年来被问责追责后表现优秀、群众公认的干部，应当客观评价、正确对待、合理使用。准确把握政策界限，对违纪违法行为必须严肃查处，防止混淆问题性质、拿容错当“保护伞”，搞纪律“松绑”，确保容错在纪律红线、法律底线内进行。坚持有错必纠、有过必改，对苗头性、倾向性问题早发现早纠正，对失误错误及时采取补救措施，帮助干部汲取教训、改进提高，让他们放下包袱，轻装上阵。

四、及时做好澄清正名工作

匿名诬告、制造谣言，破坏政治生态、污染社会风气。2023 年 7 月，湖南省纪委监委制定出台《湖南省纪检监察机关失实检举控告澄清工作实施办法》，为严肃查处诬告陷害行为、澄清失实检举控告提供了制度规范，进一步释放了为担当者担当、为负责者负责、为干事者撑腰的强烈信号。及时做好澄清正名工作，要坚持实事求是，从客观实际出发，既不能思想保守，也不能脱离实际。坚持依规依纪依法，做到事实清楚、证据确凿、认定准确，于规于纪于法有据。坚持审慎稳妥，遵守保密规定，严格履行审批手续，防止不良影响。注重“三个效果”，澄清工作要全要素分析、全方位考量、全过程体现政治效果、纪法效果、社会效果。承办部门对拟澄清的失实检举控告，应当根据问题性质、核查情况，结合被反映人政治品质、道德品行、作风表现以及造成的不良影响等因素进行综合评估，对于疑难复杂的，可以提请同级纪委监委案件审理等部门共同会商。注重思想教育和成果运用，对澄清对象适时开展回访，巩固澄清工作效果。加强与组织（人事）部门的衔接配合，将澄清工作成果运用到干部考核考察、选拔任用、评先评优等工作中，对表现优秀、敢担当善作为的干部大胆使用。健全诬告陷害行为治理机制。既通报曝光诬告陷害典型案例，强化警示震慑，狠刹歪风，激扬正气，又着眼源头治理，将惩治诬告陷害行为的关口前移，强化正面宣传引导，做到疏堵结合、标本兼治。

五、满怀热情关心关爱干部

关心关爱干部是党的优良传统，应当采取必要的激励措施，充分调动干部积极性、主动性、创造性。坚持严格管理和关心信任相统一，政治上激励、工作上支持、待遇上保障、心理上关怀，增强干部的荣誉感、归属感、获得感。完善和落实谈心谈话制度，注重围绕深化党和国家机构改革等重大任务做好干部思想政治工作，及时为干部释疑解惑、加油鼓劲。健全干部待遇激励保障制度体系。落实党和国家功勋荣誉表彰制度，做好平时激励、专项表彰奖励工作，落实

专栏 6-3

湖南以有效手段让基层干部“得甜头”“有奔头”

强化重实干、重实绩、重担当的用人导向，开展面向优秀村（社区）干部选聘事业编制人员工作。2024 年，每个乡镇（街道）下拨 1 个事业编制，放宽年龄限制、不设学历门槛、不搞笔试面试，面向任村（社区）干部 8 年以上并担任党组织书记 5 年以上实绩突出的同志，考核招聘 1774 名乡镇（街道）事业编制人员。

注重发挥公务员职务与职级并行制度改革效能，明确乡镇（街道）较高职级职数主要用于长期扎根乡镇（街道）的优秀干部。推动乡镇（街道）较高职级职数使用率从 26.7% 提高到 53.4%，有干部晋升为四级调研员及以上职级的乡镇（街道）数量由不到 50% 提高到 99.8%，拓宽了基层干部职业发展空间。

（资料来源：湖南省委组织部《着力破解“小马拉大车”突出问题　增强基层党组织政治功能和组织功能》，《中国组织人事报》2025 年 1 月 27 日。）

体检、休假等制度，关注干部心理健康，丰富文体生活，保证正常福利，保障干部合法权益。给基层干部特别是工作在困难艰苦地区和战斗在攻坚克难第一线的干部更多理解和支持，主动排忧解难，在政策、待遇等方面给予倾斜，让他们安心、安身、安业。“好事”多让他们去做，“好人”多让他们去当，让基层干部少一些“为难”、多一些资源，使他们做群众工作时更有号召力。

第 7 章

分类施策——推进各领域清廉单元建设

要对比较突出的行业性、系统性、地域性腐败问题进行专项整治。

——2023 年 1 月 9 日，习近平总书记在二十届中央纪委二次全会上的讲话清廉湖南建设，既需要大环境，也需要小气候。一个个清廉单元，就是一张张清廉湖南的名片。应当深入落实《推进清廉湖南建设的意见》，着力打造一批清廉建设标杆，以点带面、典型示范，促进清廉湖南建设全域共建、全线共进。

第一节

清廉机关：跑好贯彻落实“第一棒”

党政机关党员最集中、执政骨干最集中、权力与责任最集中，是贯彻落实党中央管党治党、治国理政决策部署的领导机关，承担着经济社会发展各个领域服务管理的重要职能。应当深入贯彻落实中共湖南省直属机关工作委员会印发的《关于进一步推进省直单位清廉机关建设的指导意见》等文件，充分发挥全省各级党政机关在清廉湖南建设中的龙头作用，将清廉机关建设作为重中之重，在各领域清廉单元建设中“走在前、作表率”。

一、着力打通“中梗阻”

近年来，湖南省各级各部门学习贯彻落实党中央决策部署态度坚决，成效明显。但少数地方和部门在具体实践中还存在“偏差”“温差”“落差”等问题。有的学习浮于表面、浅尝辄止，满足于一知半解、似懂非懂；有的学归学、做归做，口头上讲新发展理念、新时代要求，但一到具体工作就走到老套路老做法上去了；有的贯彻党中央重大决策部署有令不行、有禁不止，表态多、调门高，行动少、落实差，甚至打折扣、搞变通，敷衍塞责、弄虚作假。

各级党政机关首先是政治机关必须旗帜鲜明讲政治，坚定不移向党中央看齐，向党的理论和路线方针政策看齐，把准政治方向，认真对标对表，及时校正偏差，自觉在思想上政治上行动上同以习近平同志为核心的党中央保持高度一致。坚决贯彻党中央决策部署，坚决落实习近平总书记考察湖南重要讲话精神和对本领域的重要指示批示精神，完善研究部署、狠抓落实、跟踪问效工作机制，确保党中央和省委各项决策部署落到实处。省市机关着力在承上启下防止“中梗阻”上使劲，县乡机关着力在打通“最后一公里”上下功夫，坚决防止和纠正阳奉阴违、打折扣、搞变通等问题。深化领导班子政治建设考察，加强机关政治建设督查，建立干部政治素质档案，强化结果运用，做到常态化、全覆盖。

二、坚决纠治“机关病”

人民群众对一些党政机关工作人员的“机关病”反映强烈，比较常见的归纳起来有四种。一是“庸懒散”，工作平庸，创新能力匮乏，事业心、责任感不强，不求有功，但求无过；懒于学习，懒于思考，把握不准新形势新要求，干工作缺少思路和办法；自由散漫，工作随意性大，服务大局意识不强，各自为政，没有“拧成一股绳”。二是“推拖绕”，工作推诿扯皮，对部署的工作任务习惯性地找困难、找理由，拈轻怕重，能推就推、能躲就躲；工作执行不力、不见行动，对任务不研究、不落实，一拖再拖，不了了之；遇到困难和问题绕着走，缺乏攻坚克难的意识和能力。三是“吃拿卡要”，门难进、脸难看、事难办，甚至向管理和服务对象索要钱财，违规接受管理服务对象吃请。四是“形式主义、官僚主义”，文山会海、督检考过多过频、微信群过滥等，给基层工作造成较重负担；贯彻落实上级精神不结合自身实际，“上下一般粗”；下基层调查研究走马观花，不研究解决具体问题。

各级党政机关作风状况直接关系党和政府在人民群众中的形象，应当带头弘扬党的光荣传统和优良作风，驰而不息改进机关作风，推动机关党员干部勤政高效、实干担当。坚决贯彻落实中央八项规定及其实施细则精神和省委实施办法，抓住重要时间节点明察暗访，加大“四风”问题查处力度，定期通报曝光典型案例。严格执行省委“约法三章”和省纪委监委“十严禁”规定，对违规吃喝、违规收送红包礼金、违规配备使用办公用房等问题一律先免职后处理，严防“四风”问题反弹回潮、隐形变异。坚决整治形式主义、官僚主义，推行基层评机关、下级评上级，充分发挥基层监测点作用，大力改进文风会风，着力解决督查检查考核过多过频、过度留痕、微信群过多过滥等问题，持续为基层减压减负。大兴调查研究之风，采取随机调研、蹲点调研、体验式调研等多种方式深入开展调查研究，摸实情、出实招、办实事。全面落实机关党员干部直接联系群众制度，深化拓展在职党员进社区、结对帮扶、志愿服务等活动，推动机关党员干部参与城乡基层治理。推进“高效办成一件事”，坚决查处机关党员干部不担当、不作为、慢作为、乱作为等问题，着力提高机关服务基层群众实效。

三、坚决防治滥权妄为

权力是最大的腐蚀剂，党政机关及机关党员干部面临的最大风险来自权力的腐蚀。有的党员干部用权任性，违反民主集中制原则，搞“一言堂”“家长制”，听不进不同意见，大小事情个人说了算，擅自决定重大事项、重要干部任免、重要项目安排和大额资金使用。有的滥用权力，超出组织授权或者法律规定范围行使职权，违规插手干预不该由自己管的事项。还有的以权谋私，为了个人利益，在审批、评审等关键环节利用职务便利收受钱财。一些干部甚至“赤膊上阵”，在自己管辖范围内经商办企业、投资入股，明面上是干部，暗地里是商人，亦官亦商，既想当官，又想发财。

建设清廉机关，应当抓住权力运行的重点领域和关键环节，加强廉政风险防控，强化权力运行事前、事中和事后监督，着力建设结构合理、配置科学、程序严密、制约有效的权力运行机制。建立健全权责清单制度，全面梳理形成机关部门权力清单、责任清单、负面清单，明确权力边界。紧盯权力资源集中、廉政风险较高的重点部门、关键岗位强化监督，定期排查廉政风险隐患，健全防控机制。加大党务政务公开力度，推进机关用权和内部事务公开，确保过程规范、结果透明。坚持“三重一大”集体研究决策，强化人、财、物等重要环节的监督制约，大力推进简政放权，严防公器私用、权力寻租。精准有效开展“廉政画像”，建立健全党员干部廉政档案。加大对在同一部门、同一岗位任职时间较长干部的交流轮岗力度。加强廉洁从政、秉公用权、依法履职、道德操守等方面的经常性提醒、警示。对新入职党员、干部及时开展纪律和廉政教育，对新任职党员领导干部进行廉政谈话与培训。常态化开展违纪违法案件警示教育。对发生严重违纪问题的部门，坚持“一案双查”，严肃追究主体责任和监督责任。

第二节

清廉企业：确保市场主体廉洁健康发展

企业是创造价值、创造财富的主体。廉洁从业、依法经营、照章纳税，是企业行稳致远的基础保障。清廉湖南建设必须把促进广大市场主体的廉洁健康发展作为重要一环，深入推进清廉企业建设。

一、加强企业廉洁风险防控

科学引导全省各类企业建立以岗位为点、程序为线、制度为面，权责明晰、流程规范、风险明确、措施到位的廉洁风险防控机制。把廉洁风险防控嵌入企业管理链条，落实到企业员工的岗位职责上，贯穿到企业改革发展的全过程中。坚决防范贱卖国资、靠企吃企、关联交易、利益输送等问题，构建集企业廉洁风险排查、发现、预警、防范、治理、化解于一体的防控体系，解决突出问题、遏制萌芽问题、根治复发问题，确保各类企业权力行使安全、资金运营安全、项目建设安全。全面查找党员干部、企业员工在思想道德、岗位职责、业务流程、体制机制和外部环境等方面可能发生腐败行为的风险点，健全前期预防、中期监控、后期处置的全流程防控机制。把科技手段融入廉政风险防控制度设计和管理流程之中，健全长效机制。针对廉洁风险和风险等级，制定切实可行的防控方案，对可能发生腐败行为的苗头性、倾向性问题进行风险预警，对达到风险等级的岗位人员，及时进行处置。依法打击各类市场主体经济犯罪，坚决防止、严肃查处权钱交易、商业贿赂等问题。

二、加强企业诚信体系建设

推动全省各类企业完善诚信经营管理制度、合同管理制度、资金信用管理制度、对客户的诚信制度。落实失信行为联合惩戒制度，对重点领域屡禁不止、屡罚不改以及严重违法失信企业，实施集中公示、重点曝光。强化市场监管和行业自律，推动行业协会、商会不断完善相关行业市场主体的自律规范、自律公约，建立健全行业的信用评价、激励和惩戒机制。

三、加强企业清廉文化建设

认真落实党中央和湖南省委关于加强新时代廉洁文化建设的工作要求，推进清廉文化“进班子、进部门、进车间、进班组、进岗位”活动。把清廉文化与生产经营紧密融合，强化企业员工清廉意识；把清廉文化与企业文化紧密融合，纳入企业文化建设大格局中协调实施；把清廉文化与职业道德建设紧密融合，把规范员工职业道德行为作为培育清廉文化的重要落脚点。

四、健全国有资产监管体系

坚持党对国有企业的全面领导。坚决执行湖南省委《关于省属企业在完善公司治理中加强党的领导的若干措施》，充分发挥省属企业党委把方向、管大局、保落实的领导作用，不断完善党的领导融入公司治理的体制机制，及时修订党委前置研究讨论重大经营管理事项清单，明确企业党委在决策、执行、监督各环节的权责和工作方式，形成权责法定、权责透明、协调运转、有效制衡的公司治理机制。

推进政企分开、政资分开。完善主责主业管理，立足“管资本”，加快实现政企分开、政资分开和政府职能转变。充分尊重和维护企业法人财产权和经营自主权，把该放的放到位，使国有企业充满生机活力，创新创造的潜能充分激发。坚守防止国有资产流失底线，把该管的坚决管住，落实国有资产保值增值责任。

完善国有资产管理监督体制机制。落实党的二十届三中全会精神，不断健全经营性国有资产出资人制度和集中统一监管制度，打造专责专业的国有资产监管机构，深入推进专业化、体系化、法治化、高效化监管，强化经营性国有资产集中统一监管。以党内监督为主导，促进出资人监督和纪检监察监督、巡视巡察监督、审计监督、社会监督等各类监督主体贯通协调，健全国有资产监督问责机制，不断提升监督效能。深入落实湖南省国资委党委出台的《关于推进清廉国企建设的实施意见》，严格执行《湖南省省属国有企业违规经营投资损失责任追究办法》《湖南省国资委关于印发监管企业“十严禁”规定的通知》等文件规定，加大对国有企业违规经营责任追究力度，完善国有资本运营管理和监督检查链条，形成发现问题、调查问题、处理问题的监督工作闭环。强化对全省国有企业“一把手”和领导班子的监督，重点监督“一把手”贯彻执行民主集中制情况。严格执行企业党委书记、董事长不直接分管财务、人事、工程建设、物资采购等工作和“末位表态”制度，严格执行《国有企业领导人员廉洁从业若干规定》《领导干部配偶、子女及其配偶经商办企业管理规定》等制度规定，持续深入开展国有企业“靠企吃企”问题整治。

第三节

清廉学校：营造干干净净的良好育人环境

清廉学校建设是办好人民满意教育的有力保障。按照湖南省委教育工委、省教育厅党组 2022 年印发的《关于推进全省清廉学校建设的实施意见》要求，坚持清廉学校建设与教育教学业务工作同步推进、同步落实，推进全省清廉学校建设全面提升。

专栏 7-1

湖南省清廉学校建设的总目标与时间表

将清廉学校建设融入学校改革发展稳定各方面全过程，以“清”育美德，用“廉”润心田，努力把学校建设成为立德树人的清廉高地。

通过 5 年左右时间的建设，学校党组织管党治党主体责任意识明显增强，党员干部教师廉洁自律意识明显提高，全省涌现出一批可借鉴可复制可推广的清廉学校样板，初步形成清廉学校建设示范效应。

通过 15 年左右时间的建设，学校党组织管党治党责任机制更加健全，权力运行更加公开规范高效，清廉文化深入人心，清廉理念浸润师生，校风清净、教风清正、学风清新的全省良好教育生态和发展环境基本形成，清廉成为学校的风尚。

（资料来源：湖南省委教育工委、省教育厅党组印发的《关于推进全省清廉学校建设的实施意见》。）

一、全面贯彻党的教育方针，坚决整治教育领域不正之风

深入学习领会习近平新时代中国特色社会主义思想，特别是习近平总书记关于教育的重要论述，将其贯彻落实到清廉学校建设的全过程各方面。坚持和完善高校党委领导下的校长负责制，推动落实中小学校党组织领导下的校长负责制。推进全面从严治党向基层一线延伸，促进学校党组织管党治党主体责任意识明显增强、党员干部教师廉洁自律意识明显提高。切实强化学校基层党组织建设，推进党支部“五化”建设提质增效。深入实施高校党组织“对标争先”建设计

划，全面提升教师党支部书记“双带头人”培育质量。

建立健全学校小微权力清单和办学行为负面清单。制定并落实学校小微权力清单、责任清单和负面清单制度，进一步规范学校各类事项的权力边界。将负面清单管理制度的贯彻落实情况同步纳入相关考核、评估等工作指标体系。加强“互联网 + 校园”建设，优化“阳光服务”流程，切实为师生工作、学习、生活提供便利，加大校务公开力度，主动接受监督。

持续整治教育乱收费、违规招生等不正之风。整治违规收费、擅自设立收费项目、提高收费标准、学校和教师从服务性收费与代收费中收取回扣等问题。整治收取或变相收取择校费、与校外培训机构勾连招生等违规招生行为。坚定不移推进教育乱收费治理，完善治理教育乱收费常态化工作机制。湖南省治理教育乱收费联席会议各成员单位要共同努力，压实地方责任，开展重点检查督查，切实查处典型案件，坚决整治教育乱收费顽疾。整治违规派遣学生顶岗实习、异地挂靠学生学籍等办学不规范行为。

二、结合校园特点，加强对高风险领域与人员的监督管理

进一步规范完善重点领域和关键环节管理。深化教育领域综合改革，围绕教材建设和管理、后勤基建、物资采购、资产处置、资金使用、项目评审、学生资助、就业创业补贴、人才引进、职务评聘、合作办学、继续教育等重点，加强廉洁风险排查，编制并落实重点风险防范办法。严格执行“三重一大”决策制度和重大决策程序规定，进一步规范学校领导班子决策行为。

深化学校党政主要领导干部经济责任审计和学校专项审计工作。规范学校重大经济决策和财务管理，以经济责任审计和专项审计推动学校完善预算管理、收支管理、资产管理等内部控制制度。严格落实审计发

现问题整改挂号销号制度，对问题整改情况进行动态化管理和跟踪。对未完成整改任务的，及时通报、督促落实并按规定予以问责。

三、聚焦立德树人，加强师德师风建设与校园清廉文化建设

大力加强师德师风建设。深化教师教育培训，培养教师清廉从教的良好品质，坚持将师德师风作为衡量教师队伍素质的第一标准。加强教师管理，全面落实新时代大中小学（含幼儿园）教师“职业行为十项准则”，学校制定具体细化的教师职业行为负面清单。严格执行中央、省“双减”政策，严禁中小学校和在职中小学教师组织或参与违规办班和有偿补课等，将治理有偿补课纳入专项督导和责任督学挂牌督导范围。建立和完善师德师风问题通报制度，实行师德“一票否决制”。严格落实学校教职员工从业查询制度，完善学校、教师、学生、家长和社会多方参与的监督体系。坚持严管厚爱，营造尊师重教氛围。

着力推动校园清廉文化建设。落实立德树人根本任务，构建完善大中小幼一体化的德育体系，推进习近平新时代中国特色社会主义思想进课程、进教材、进教案、进学生头脑。加强学生日常行为规范培养，加强中华优秀传统文化和社会主义先进文化教育，把清廉文化、守纪文化等融入中小学德育和大学生思想政治理论课程，增强学生廉洁意识，提高学生清廉素养。以社会主义核心价值观为引领，开展“一训三风”（校训和校风、教风、学风）教育活动。实施“一校一品”校园清廉文化品牌建设，把清廉文化融入学校文化艺术活动中。加强学校周边环境综合治理，防止校外不良文化向校园渗透。统筹清廉学校建设与文明校园创建，将清廉学校建设作为文明校园建设的一项重要内容，有机融合、一体推进。鼓励支持清廉艺术作品创作，开展师生群众性清廉宣传教育活动，让以清为美、以廉为荣在学校蔚然成风。

第四节

清廉医院：助推化解“看病难”“看病贵”

清廉医院是清廉湖南建设的重要单元。湖南省卫生健康委员会党组、湖南省纪委监委驻省卫生健康委员会纪检监察组于2022年联合制定出台了《关于推进清廉医院建设的实施意见》。应当深入落实该文件，并与时俱进，在全省营造“党风清正、院风清朗、行风清新”的现代医院发展环境。

一、加强医院党的建设，构建党风清正的政治生态

认真学习贯彻习近平总书记关于全面从严治党和卫生健康工作的重要论述精神，继承和发扬党史中的卫生健康工作优良传统，筑牢广大医务人员心怀人民、立德树人、救死扶伤、廉洁行医的思想根基。

全面执行和落实党委领导下的院长负责制，以党的政治建设为统领，实现党的领导与现代医院管理深度融合。落实全面从严治党主体责任规定，分析研判本单位政治生态，研究解决突出问题。充分发挥基层党组织政治功能，发挥党员医务工作者的先锋模范作用。

保持惩治腐败高压态势，重点查处不收敛、不收手，利用医疗资源交换捞取政治资本、搞政治攀附和利用职务之便进行利益输送、谋取私利等腐败案件。紧盯工程项目建设、资产资源交易、大型设备采购、临床科研实验等重点环节和关键岗位，完善权责清单，加大查处力度，压缩权力任性空间。规范整治领导干部亲属经商办医药企业行为，强化推动管好身边人，筑牢拒腐防变的家庭防线。

二、深入推进医院改革，构建院风清朗的行业生态

加强医院内部控制建设。医院党委在内部控制建设中发挥领导作用，全面推进内部控制建设；党政主要负责人是内部控制建设的首要责任人，对内部控制制度的建立健全和有效实施负责；领导班子其他成员抓好各自分管领域的内部控制建设工作。医院内部应建立相互制约、相互监督的业务组织形式和职责分工制度，每年至少进行一次风险评估，重点关注内部控制的组织建设、机制建设、制度建设、队伍建设及流程建设情况。紧跟形势变化，把握政策导向，解决面临的主要矛盾和漏洞环节，进一步建立健全科学高效的内部权力运行制约和监督体系，有效防范风险，保证医院资产资金安全，提高医疗资源配置和使用效益。

推动智慧医院建设有效覆盖。随着新一轮科技革命和产业变革突飞猛进，智慧医院的建设与应用已成为医院转型升级的必由之路。国家卫生健康委设计了我国智慧医院的整体框架，具体分为三大板块：智慧医疗、智慧服务、智慧管理。其中智慧医疗面向医务人员，智慧服务面向患者人群，智慧管理面向医院管理人员。智慧医院还有针对性地出台了相应的评价评估标准体系。建设智慧医院能让看病更舒心、服务更贴心，监管流程更加公开透明，有助于推动清廉医院建设。认真贯彻落实党中央、国务院关于发展“互联网＋医疗健康”的重要决策部署，推动互联网诊疗服务、互联网医院、远程医疗服务、“互联网＋药学服务”、“互联网＋护理服务”高质量发展，运用信息化手段解决人民群众看病就医过程中的难点、堵点问题。以电子病历为核心推动医院信息化建设，全面评估电子病历系统应用水平，构建科学、合理、有序的电子病历系统，实现临床数据规范化管理的“四统一”。探索将“互联网＋监督”融入智慧医院建设当中，推动

运用智能化、信息化手段，建立健全投诉举报平台，细化举报投诉、转办跟踪、督导反馈的闭环管理办法，有效提高医疗质量和效率，不断增强人民群众获得感。

三、培育良好医德医风，构建行风清新的从业生态

紧盯医疗行风问题。建立健全医院党委领导下的纠风工作机制。严格落实纠风工作责任制，将纠风工作纳入考核评价体系。深入开展纠治医药购销领域和医疗服务中不正之风专项行动，严格落实《医疗机构工作人员廉洁从业九项准则》，准确把握从严治理内核。严肃查处违反相关法律法规、诊疗技术规范，损害人民群众利益的不合理检查、不合理治疗、不合理用药、不合理收费等行为。严厉打击扰乱医疗秩序、防疫秩序、社会秩序等各类违法犯罪活动，坚决斩断“号贩子”“高价床位”“黑救护”等方面利益链条。

规范医疗收费与医保基金使用。充分认识加强医院收费和服务管理的重要性，围绕规范医疗收费、医疗服务和医保基金使用等方面加强制度建设，明确诊疗项目和收费的审查机制、审批机制及监督检查机制，重点强化对诊疗活动计费收费行为的监管。加大对套取及违规使用医保基金、加重参保人员负担、药品耗材集中采购违规等行为的查处力度，持续开展打击“假病人、假病情、假票据”欺诈骗保行为专项行动，确保医保基金合理安全高效使用。经常性针对医疗服务、医疗收费等内容开展宣传教育，加大医保相关政策的培训力度，帮助相关工作人员全面掌握、准确理解医保报销规定。积极推进薪酬制度改革，建立主要体现岗位职责和知识价值的薪酬体系，促进合理诊疗、规范计费。

改革完善医务人员评价机制。突出品德能力业绩导向，制定完善医务人员医德考评体系和医德档案，将医德考评结果与医务人员的晋

职晋级、岗位聘用、评先评优、薪酬待遇、定期考核等直接挂钩，增强考评的激励和约束作用。

打造清廉医风文化。认真贯彻落实湖南省委《关于加强新时代廉洁文化建设的若干措施》，充分汲取我国中医药中的廉洁文化精华，整理扁鹊、华佗、张仲景、孙思邈、李时珍等古圣先贤、中医泰斗的嘉言懿行，扎实推进清廉文化进医院、进科室、进临床，多措并举开展“大医精诚”“医乃仁术”廉洁文化教育和“身边人、身边事”行业腐败警示教育等系列活动，进一步增强医务人员廉洁意识和职业荣誉感，推动清廉医风文化建设实起来、强起来。关心爱护医务人员身心健康，教育引导医务人员培养健康生活情趣，推进廉洁教育融入医务人员家庭日常生活，督促医务人员做到立好家规、正好家风、管好家人、理好家事。

专栏 7-2

医疗机构工作人员廉洁从业九项准则

一、合法按劳取酬，不接受商业提成。
二、严守诚信原则，不参与欺诈骗保。
三、依据规范行医，不实施过度诊疗。
四、遵守工作规程，不违规接受捐赠。
五、恪守保密准则，不泄露患者隐私。
六、服从诊疗需要，不牟利转介患者。
七、维护诊疗秩序，不破坏就医公平。
八、共建和谐关系，不收受患方“红包”。
九、恪守交往底线，不收受企业回扣。

（资料来源：国家卫生健康委、国家医保局、国家中医药局联合印发的《医疗机构工作人员廉洁从业九项准则》。）

第五节

清廉乡村：为乡村振兴注入“廉动力”

“民族要复兴，乡村必振兴。”建设清廉乡村是助力乡村振兴的重要一招。必须以深化拓展“互联网 + 监督”为着力点，不断完善村级小微权力清单制度，推动监督下沉、政策落地，全面提升基层治理能力与治理水平，通过村规民约、廉洁文化打造清廉阵地，推动移风易俗，为乡村振兴增添新风活力。

一、以严密监督约束小微权力

村级小微权力看似微小，却连着民生，关系人心向背。要以对小微权力的监督为重点，把监督触角延伸至“神经末梢”，打通基层监督“最后一米”。

深化拓展“互联网 + 监督”。湖南省积极探索运用“互联网 + 监督”，创新小微权力监督模式，于 2017 年 11 月推出了全国首个覆盖省、市、县三级的“互联网 + 监督”平台，为基层监督插上了科技的翅膀。该平台汇集民生资金、乡村振兴、村级财务、基础比对四大类数据，具备民生资金信息公开、大数据比对分析、主管部门业务监督、在线投诉受理处置等功能。平台外部门户对接小微权力“监督一点通”服务平台，可通过门户网站、微信公众号、移动 App、终端查询机等渠道查询。近年来，湖南省将“互联网 + 监督”平台与相关系统平台深度对接融合，完善民生资金监督系统，不断织密小微权力的监督网。

完善村级小微权力清单制度。深入推行村级小微权力清单制度，

专栏 7-3

湖南省“互联网＋监督”平台

湖南省“互联网＋监督”平台是根据湖南省委、省政府统一部署，由湖南省纪委监委牵头，组织省、市、县三级各相关单位统筹建设的综合监督平台。

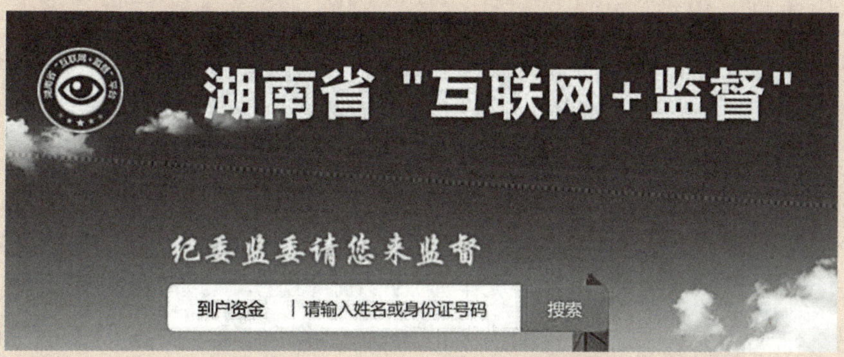

（资料来源：三湘风纪网。）

梳理完善小微权力清单，建立完善村干部廉洁履职负面清单，进一步厘清权力边界、规范操作流程，建立起切合基层特点，简明高效、操作性强、常态长效的小微权力运行机制。全面梳理村级重大事项、日常事务等与群众生产生活密切相关的权力事项，进一步细化明确每项村级事务的名称、实施的责任主体，权力事项的来由依据、办理主体、办理方式、时间期限、纪律规定等具体要求，实现“事事有清单，办事按清单”。绘制村级小微权力事项办理流程图，使村级组织运行更加公开透明；规范村级小微权力事项办理程序，重大事务清单事项严格按照村党支部会提议、村“两委”会商议、党员大会审议、村民代表会议或村民会议决议，决议公开、实施结果公开的“四议两公开”和“一事一议”等程序进行民主决策；落实村级党务、村务、财务三公开制度，对权力清单内容、规章制度、运行程序、运行过程、运行结果按时公开。

健全村级集体资金、资产、资源“三资”监管机制。进一步完善农村集体“三资”监督管理制度，开展农村集体“三资”问题专项监督，推进“一卡通”专项治理。全面推进阳光村务，健全村党支部书记、村民委员会主任“一肩挑”后村级资金支出审批制度和联审联签制度，全面推行农村集体“三资”去现金化管理，积极建立村级财务支出审批、审核、审查“三审三签”制度，完善土地征收、惠农政策、乡村振兴资金等方面的监管措施；进一步规范村级小微工程项目建设和监管，确保工程建设、招投标等工作规范有序。

二、推动监督下沉促进基层治理

紧盯村级“一把手”，筑牢基层“战斗堡垒”。针对村党支部书记、村民委员会主任“一肩挑”的现状，紧盯村级“一把手”规范履职用权，采取村级巡察、提级监督、专项监督等方式，对村“两委”成员履职情况，特别是对村级“一把手”贯彻落实上级决策部署、主体责任落实、小微权力规范运行、干部作风建设等情况进行重点监督。整顿软弱涣散的基层党组织，强化基层党组织建设，充分发挥乡村基层党组织的“战斗堡垒”作用，着力引导农村党员发挥先锋模范作用，构筑基层清廉建设坚实堡垒。

推动监督下沉，织密基层监督网络。整合基层监督资源和力量，着力构建立体式、全覆盖基层监督体系。积极解决基层监督力量薄弱和“熟人社会”监督难等问题，统筹基层纪检监察、巡察、村务监督等各方面力量，打造县、乡、村三级联动、联治的基层监督机制。深化乡镇纪检监察机构规范化建设，深入推进县乡纪检监察工作一体化，推动片区联动、片区协作，推进纪律、监察、派驻、巡视“四项监督”贯通融合，形成监督合力。畅通信、访、网、电等举报渠道，建立监督信息网络平台。线上有反映，线下必核查，使群众监督更加广泛便捷，扩大群众参与面，及时发现处理群众身边的不正之风和腐败问题。

强化村务监督，完善村级民主监督机制。充分发挥村级纪检员和村务监督委员会作用，严格落实“四议两公开”民主决策制度，完善村民自治机制、民主监督机制，让群众从“旁观者”转变为“监督者”。依规依法开展村民事务管理，杜绝“一言堂”“一刀切”，逐步建立权责明晰、衔接配套、运转有效的村级民主监督机制，不断完善村务公开民主管理制度。积极创新村务监督的平台与办法，深化运用村务监督月例会、村民小组评议、村民议事会、村务监督委员会、村务监督微信群等多种形式，并将这些形式与“互联网＋监督”平台深度对接，组织动员人民群众随时随地参与对本村事务的监督，做到村务公开“无死角”。

三、建设清廉阵地推动移风易俗

用好村规民约，推动移风易俗。修订完善村规民约，充分发挥乡村成立的村民议事会、红白理事会等作用，将文明节俭、清风正气、崇廉尚廉的内涵注入村规民约之中，教育引导群众破除大操大办、厚葬薄养、人情攀比、高价彩礼等陈规陋习，使孝老爱亲、遵纪守法、助人为乐等优良传统成为乡风文明的主旋律。发挥正向激励和反向惩戒作用，规范群众日常行为，推动村规民约有效落实，有效提升乡村治理效能。

挖掘本土资源，弘扬新风正气。充分运用本土红色教育资源和传统历史文化资源，通过群众喜闻乐见的方式，挖掘红色文化、家风家训、民风民俗等的时代内涵，培育具有传统味的乡土清廉文化，弘扬优良家风村风，推动形成文明乡风、良好家风、淳朴民风。强化榜样标杆的示范引领作用，发挥先进模范、优秀党员、致富能手、乡贤人士的示范带头作用，大力推介清廉乡村建设的标杆人物、典型做法、示范经验。

打造乡村阵地，丰富清廉载体。运用文化广场、党员活动中心、村史长廊、农家书屋、清廉文化墙、清风屋场等，建设一批群众看得见、摸得着的清廉文化阵地。运用好微信公众号等社交媒体、“村村响”广播、村务宣传栏等，打造清廉乡村的宣传阵地。创新宣传形式，依据村落资源和村情特点，组织开展乡村文艺创作、乡村民俗活动，举办屋场恳谈会等，丰富拓展清廉乡村建设的载体。

第8章

层层设防——不断健全监督体系

健全党统一领导、全面覆盖、权威高效的监督体系，是实现国家治理体系和治理能力现代化的重要标志。党委（党组）要发挥主导作用，统筹推进各类监督力量整合、程序契合、工作融合。

——2023年1月9日，习近平总书记在二十届中央纪委二次全会上的讲话监督是治理的内在要素，在管党治党、治国理政中居于重要地位。党要管党、从严治党，“管”和“治”都包含监督。推进清廉湖南建设，需要着力健全并切实用好监督体系，增强监督严肃性、协同性、有效性，形成决策科学、执行坚决、监督有力的权力运行机制，推动制度优势更好地转化为治理效能。

第一节

提高党内监督效能

党的执政地位决定了党内监督在党和国家各种监督形式中是最基本的、第一位的。推进清廉湖南建设，必须在全省各级党组织中全面加强党内监督，着力提高党内监督的质量与效能。

一、不断完善党内监督体系

强化党内监督是全党的共同任务，也是一项复杂的系统工程，必须构建完备的党内监督体系。党的十八届六中全会审议通过的《中国共产党党内监督条例》要求，建立健全党中央统一领导、党委（党组）全面监督、纪律检查机关专责监督、党的工作部门职能监督、党的基层组织日常监督、党员民主监督的党内监督体系。

全省各级党委（党组）切实履行管党治党主体责任。领导本地区本部门本单位党内监督工作，组织实施各项监督制度，抓好督促检查。加强对同级纪委和所辖范围内纪律检查工作的领导，检查其监督、执纪、问责工作情况，支持纪委履行监督、执纪、问责职责。加强对党委常委会委员（党组成员）、党委委员，同级纪委、党的工作部门和直接领导的党组织领导班子及其成员的监督。

全省各级纪委切实履行监督执纪问责职责。党的各级纪律检查机关是党内监督专责机关，是党推进全面从严治党、开展党风廉政建设和反腐败斗争的专门力量。《中国共产党纪律检查委员会工作条例》第五章规定了各级纪委的工作职责，将党章规定的监督执纪问责职责和各项经常性工作，细化为纪律教育、纪律监督、处理信访举报、纪律审查、纪律处分、开展问责、受理控告和申诉、保障党员权利、纪律检查建议等九项具体职责。各级纪委应当围绕实现党章赋予的任务，立足专责监督地位，坚持聚焦主责主业。

全省各级党的工作部门切实履行职能监督职责。党委办公厅（室）、组织部、宣传部、统战部、社会工作部、政法委等党的工作部门，是党委（党组）主体责任在不同领域的载体和抓手，都承担着相应的党内监督职责。《中国共产党党内监督条例》明确规定“党的工作部门职能监督”，要求党的工作部门应当严格执行各项监督制度，加强职责范围内党内监督工作，既加强对本部门本单位的内部监督，又强化对本系统的日常监督。

全省各级党的基层组织和党员切实履行相应的监督职责。党的工作最坚实的力量支撑在基层，党的基层组织是党的全部工作和战斗力的基础，是每个党员组织关系、工作、活动的基本单位，能够对党员进行最直接、最密切的监督。党员是党的肌体的细胞，对党的工作、党的组织、党的干部进行监督，是党章赋予党员的一项权利。每个党员应本着对党和人民事业高度负责的态度，积极行使党员权利，认真履行监督义务。

二、用好巡视巡察利剑

以习近平同志为核心的党中央高度重视巡视巡察工作，不断推动巡视巡察工作深化发展。巡视由党中央、省级党委实施，巡察由市、县两级党委实施。湖南省委贯彻二十届三中全会精神的《决定》要求“健全巡视巡察工作体制机制”。推进清廉湖南建设，要进一步强化巡视巡察监督的政治定力，以巡视带巡察，发挥上下联动的系统优势。

坚持政治巡视巡察定位。党的巡视巡察是政治巡视巡察，本质是政治监督。应始终保持巡视巡察工作政治方向正确，更好发挥巡视巡察的政治保障作用。进一步强化对标对表的政治自觉，针对中央巡视的重点，督促全省相关领域部门和单位抓好“未巡先改”。重点加强对重大改革任务落实情况，特别是习近平总书记重要讲话和指示批示精神落实情况的监督检查，深入查找并推动解决有令不行、有禁不止以及不顾大局、搞地方保护主义和部门本位主义等问题。

综合运用巡视巡察方式方法。开展巡视巡察工作的党组织根据工作需要，可采取常规巡、专项巡、机动巡、“回头看”等方式组织开展巡视巡察，必要时可以提级巡视巡察。加强对省直单位和市县巡察工作调研指导，因地制宜开展对村巡察。

加强巡视巡察整改和成果运用。持续抓好中央巡视反馈意见整改，进一步强化巡视巡察整改落实的政治责任，把整改落实与深化改革结合起来，与全面从严治党结合起来，与加强领导班子和干部队伍建设结合起来，融入日常工作，融入职责职能，切实以整改实效推动各项工作高质量发展。建立覆盖巡视巡察整改全周期的责任体系和制度流程，进一步完善整改会商、督查评估、跟踪问效等工作机制。开展巡视巡察工作的党组织应当加强对巡视巡察整改和成果运用的组织领导，对整改不力、虚假整改的严肃问责。

专栏 8-1

湖南加强对“一把手”全流程巡视巡察监督

重点更聚焦。巡视巡察报告中单列一条“客观评价‘一把手’情况”。

方案更细致。制定巡视巡察工作方案、组织巡视巡察培训等过程中，对“一把手”监督重点提出具体要求。巡视巡察组进一步细化工作实施方案，明确主攻方向，强化靶向监督。

通报更全面。巡前通报中，全面汇总收集被巡视巡察地区（单位）“一把手”干部任免审批表、政治建设考察报告等书面材料。

谈话更深入。与被巡视巡察地区（单位）“一把手”的个别谈话，应精心准备，有的放矢，尽可能地全面掌握情况。

了解更广泛。综合运用《中国共产党巡视工作条例》规定的“12+N”的方式方法，全面了解被巡视巡察地区（单位）“一把手”履职尽责、工作作风和遵规守纪方面问题，深入分析、综合研判。

（资料来源：中央纪委国家监委网站、“湖南巡视”微信公众号。）

三、强化纪检监察专责监督

习近平总书记在二十届中央纪委三次全会上指出：“纪委监委作为专责机关，要更加主动担起责任，有力有效协助党委组织协调反腐败工作，整合反腐败全链条力量。”监督是纪委监委的第一职责。必须落实湖南省委贯彻二十届三中全会精神的《决定》关于“优化纪委监委机关内设机构职能”的要求，促进纪委监委更好地履行监督职责。

聚焦“两个维护”抓实政治监督。“两个维护”是党的最高政治原则和根本政治规矩，必须把“两个维护”作为政治监督的根本任务。坚持党中央重大决策部署到哪里，政治监督就跟进到哪里。扎实推动政治监督具体化、精准化、常态化，紧盯强化党的创新理论武装、严明政治纪律和政治规矩、贯彻落实党中央重大决策部署抓政治监督，推动全省各级党组织和广大党员干部筑牢政治忠诚、提高政治能力，在思想上、政治上、行动上同以习近平同志为核心的党中央保持高度一致，推动党中央决策部署不折不扣在湖南落地生根。习近平总书记 2024 年 3 月考察湖南时强调，要树立和践行正确政绩观。综合分析湖南全面从严治党中存在的一些突出问题，根源多在政绩观错位、权力观扭曲。应持续深化“树牢正确政绩观，推动高质量发展”主题监督。

精准开展专项监督。紧紧围绕落实党的二十届三中全会精神和省委部署的改革发展任务加强监督，推动改革攻坚、促进高质量发展。常态化开展“洞庭清波”监督，深化统计造假、违规举债和虚假化债及投融资领域的专项监督，高度关注债务风险背后的不作为、乱作为和谋私贪腐、“新官不理旧账”等问题。

四、发挥派驻监督“探头”作用

二十届中央纪委三次全会明确提出“深化派驻机构改革”。应当认真落实《关于深化省纪委省监委派驻机构改革的实施意见》等文件规定，不断完善派驻监督体制机制、提升派驻监督效能，充分发挥派驻监督“探头”作用。

聚焦主责主业。有效发挥监督“探头”作用，关键是明确职责定位，做到“到位而不越位”。《纪检监察机关派驻机构工作规则》明确要求，派驻机构应当强化政治监督，把坚持和加强党的领导贯穿工作全过程各方面，推动驻在单位切实做到“两个维护”，贯彻党的理论和路线方针政策，落实党中央决策部署。

强化派驻机构“派”的权威和“驻”的优势。派驻机构是纪委监委的重要组成部分，是纪检监察工作的必要延伸和重要抓手，与驻在单位是监督和被监督的关系。强化“派”的权威，要求派驻机构站稳立场，紧紧依靠派出机关开展监督。派驻机构由派出机关直接领导、统一管理，向派出机关负责，受派出机关监督。“驻”的优势体现在派驻机构通过日常接触，能够有效加强日常监督，把纪律挺在前面，及时发现问题，实现抓早抓小。深入落实湖南省委贯彻二十届三中全会精神的《决定》的相关要求，优化派驻机构设置、领导管理体制，有序推进向省管企业和省属本科高校派驻纪检监察组。

第二节

发挥各类监督作用

习近平总书记在十九届中央纪委四次全会上强调：“要以党内监督为主导，推动人大监督、民主监督、行政监督、司法监督、审计监督、财会监督、统计监督、群众监督、舆论监督有机贯通、相互协调。”《推进清廉湖南建设的意见》就“不断健全监督体系保障清廉湖南建设”作出部署时，明确提出“发挥各类监督作用”。

一、人大监督

党的二十届三中全会强调：“健全人大对行政机关、监察机关、审判机关、检察机关监督制度，完善监督法及其实施机制，强化人大预算决算审查监督和国有资产管理、政府债务管理监督。”2021 年

10 月 13 日，习近平总书记在中央人大工作会议上指出，“要更好发挥人大监督在党和国家监督体系中的重要作用”，要求各级人大“用好宪法赋予人大的监督权，实行正确监督、有效监督、依法监督”。2024 年 9 月 14 日，习近平总书记在庆祝全国人民代表大会成立 70 周年大会上指出，“充分发挥人大监督在党和国家监督体系中的重要作用”。2024 年 9 月 20 日召开的湖南省委人大工作会议暨庆祝湖南省人民代表大会成立 70 周年大会，要求增强人大监督的刚性和实效，充分发挥人大监督在党和国家监督体系中的重要作用，坚持正确监督、有效监督、依法监督，推动人大监督与党内监督、监察监督、司法监督有效贯通，强化监督成果运用。

坚持正确监督。全省各级人大及其常委会在党的领导下开展监督。全省各级党委发挥总揽全局、协调各方的作用，把人大工作纳入整体工作布局，支持人大及其常委会依法行使职权、开展工作，指导和督促“一府一委两院”（人民政府、监察委员会和人民法院、人民检察院）自觉接受人大监督。正确处理人大监督与支持“一府一委两院”依法行使职权的关系，把监督与支持结合起来，寓支持于监督之中。构建法治政府建设专项监督指标体系，听取审议监察委员会、“两院”专项工作报告。

坚持有效监督。强化联动监督，采取省、市、县、乡四级人大联动，全国、省、市、县、乡五级人大代表参与的方式开展监督工作，上下联动开展中小企业发展、大气污染防治、安全生产等领域法律法规执法检查。强化专项监督，聚焦党中央重大决策部署和省委工作要求，深入实施法治护企人大行、法治护绿人大行、法治护安人大行，以监督利剑助力高质量发展。强化监督刚性，注重打好听取审议专项工作报告、执法检查、专题询问等监督组合拳。

坚持依法监督。依法监督是人大监督的鲜明特点，人大的监督权必须在法治轨道上行使。2024 年 11 月 8 日，第十四届全国人民代表大会常务委员会第十二次会议通过了关于修改《中华人民共和国各级人民代表大会常务委员会监督法》的决定。近年来，湖南省人大常委会制定了《湖南省预算审查监督条例》和《湖南省人民代表大会常务委员会关于加强经济工作监督的决定》等地方性法规，为本省范围内各级人大及其常委会依法行使监督权提供了更多的具体依据。

专栏 8-2

人大常委会强化财政经济工作监督

为进一步加强财政经济工作监督，切实增强监督实效，第十四届全国人民代表大会常务委员会第十二次会议对《中华人民共和国各级人民代表大会常务委员会监督法》作了部分修改。其中第十六条增加三条，分别作为第二十四条、第二十五条、第二十六条：

第二十四条　常务委员会应当对国有资产管理情况进行监督，建立健全国有资产管理情况报告制度。

国务院和县级以上地方各级人民政府应当每年向本级人民代表大会常务委员会报告国有资产管理情况。

第二十五条　常务委员会应当对政府债务进行监督，建立健全政府债务管理情况报告制度。

国务院和县级以上地方各级人民政府应当每年向本级人民代表大会常务委员会报告政府债务管理情况。

第二十六条　常务委员会应当对金融工作进行监督，建立健全金融工作情况报告制度。

国务院应当每年向全国人民代表大会常务委员会报告金融工作有关情况。

（资料来源：中国人大网。）

二、民主监督

民主监督是中国人民政治协商会议的三大主要职能之一，也是党和国家监督体系的重要组成部分。2014 年 9 月，在庆祝中国人民政治协商会议成立 65 周年大会上，习近平总书记强调："要加强人民政协民主监督，完善民主监督的组织领导、权益保障、知情反馈、沟通协调机制。"2024 年 9 月，在庆祝中国人民政治协商会议成立 75 周年大会上，习近平总书记进一步指出："发挥协商式监督优势，增强民主监督实效，助推党和国家重大决策部署落地见效。"党的二十届三中全会对"完善人民政协民主监督机制"提出了明确要求。

完善政协专项民主监督工作机制。2023 年 7 月 17 日，中共中央召开全国生态环境保护大会，明确要求各级政协要加大生态文明建设专题协商和民主监督力度。2023 年 7 月 24 日，湖南省政协召开常委会（扩大）会议，要求各市州政协"把功夫用在助推解决生态环保重点、难点问题上"，并于当日下发《关于深入开展生态环境保护专题协商和民主监督工作的意见》。2025 年 1 月，湖南省委办公厅、省人民政府办公厅、省政协办公厅联合印发《湖南省政协 2025 年度协商与监督工作计划》。推进清廉湖南建设，要求湖南各级政协继续围绕党委、政府重大决策部署落实，结合调研中发现的问题，组织政协委员、有关专家学者开展专项民主监督，向党委、政府提出意见建议，推动相关问题解决。

推进省政协民主监督与省纪委监委专责监督贯通协调。2023 年 11 月，湖南省政协办公厅、省纪委办公厅联合制定印发《关于推进省政协民主监督与省纪委监委专责监督贯通协调的办法（试行）》，推动省政协民主监督与省纪委监委专责监督有机贯通、相互协调、同向发力，在发挥各自职能优势基础上，实现互补互促，增强整体监督效能。围绕双方共同关注的监督选题、监督方式、监督成果运用等开展协商协作。省纪委监委加强对政协民主监督成果的研究与运用，支持政协委员担任各类监督员。双方共同探索政协云与“互联网＋监督”平台有关信息互通共享。建立协调联络机制和问题线索移交机制。省纪委监委驻省政协机关纪检监察组负责收集整理省政协相关部门提交的问题线索，及时移交省纪委监委案件监督管理室，并向联系省政协机关的监督检查室报备。保障政协委员民主监督权利，为委员行使民主监督权利创造良好条件。对阻挠委员参与民主监督，或对委员民主监督进行打击报复的，纪检监察机关协同有关部门依纪依法严肃处理。以推进省政协民主监督与省纪委监委专责监督贯通协调为突破口，推动政协民主监督同党内监督、人大监督、司法监督、社会监督、舆论监督等协调配合。

三、行政监督

行政监督是指国家行政机关按照法定的权限、程序和方式，对行政机关自身的组织行为、行政行为进行监督，包括各行政机关自上而下、自下而上以及相互之间进行的监督。

发挥行政机关自上而下的监督作用。行政机关自上而下的监督既包括上级人民政府对下级人民政府的监督，县级以上各级人民政府对其所属部门的监督，也包括上级行政部门对下级相应行政部门的监督。认真落实《政府督查工作条例》和《湖南省人民政府真抓实干督查激励实施办法（试行）》。保障政令畅通，提高行政效能，推进廉政建设，健全行政监督制度。

发挥行政机关自下而上的监督作用。行政机关自下而上的监督是民主集中制原则在行政监督领域的具体体现。在实践中，行政机关自下而上的监督主要有批评、建议、揭发和控告等形式。

发挥行政机关相互之间的监督作用。在行政系统内部，有些互不统辖的行政机关之间，也有着监督与被监督的关系，此种监督同样是行政监督的重要方面。例如，根据《湖南省规范性文件管理办法》第二十五条的规定，对于行政机关制发的规范性文件，政府司法行政部门或者部门法制机构审查发现该规范性文件违法的，应当书面建议制定机关立即停止执行并自行纠正，制定机关须于接到建议函之日起 20 日内书面报告纠正结果。

四、司法监督

司法监督指审判机关、检察机关等依照法定职权和程序对国家公权力进行的监督。以习近平同志为核心的党中央高度重视司法监督，党的十九大报告明确提出："把党内监督同国家机关监督、民主监督、司法监督、群众监督、舆论监督贯通起来，增强监督合力。"

人民法院根据宪法和法律履行审判职责，发挥司法监督作用。一是通过行政诉讼对行政机关进行监督。2015 年 10 月 13 日召开的中央全面深化改革领导小组第十七次会议指出："行政诉讼是解决行政争议，保护公民、法人和其他组织合法权益，监督行政机关依法行使职权的重要法律制度。"二是对职务犯罪依法作出有罪裁判。《湖南省高级人民法院工作报告》披露，全省法院 2018—2022 五年里共审结贪污、贿赂等职务犯罪案件 3191 件 3271 人，审结行贿犯罪案件 516 件 590 人，坚决斩断权钱交易关系网。三是通过履行国家赔偿审判职责发挥权力监督功能。人民法院依法履行国家赔偿审判职责，切实保护和救济受到侵害的权利，有力促进了国家机关依法行使职权。

人民检察院根据宪法和法律履行法律监督职责，发挥司法监督作用。2024 年，湖南省检察机关对"减假暂"（减刑、假释、暂予监外执行）不当情形监督纠正 1510 件、监督收监 203 人，"监督纠正违禁品入监入所、违规出所就医、脱管漏管"等监管执法问题 1868

个，移送违纪违法线索 238 件。应当继续加强对立案、侦查、审判、执行活动的法律监督，加大对执法不严、司法不公突出问题的监督纠正力度。加强刑事执行和监管活动监督。加强民事生效裁判监督，协同惩治虚假诉讼，加大对怠于执行等问题的监督力度。加强行政诉讼监督，依法有序开展行政违法行为监督，推进行政处罚和刑事处罚双向衔接，深化强制隔离戒毒检察监督试点。健全公益诉讼检察办案规范，更加有力地维护国家利益和社会公共利益。加强和规范检察侦查工作，严惩司法腐败，维护司法公正。加快推进数字检察工作，积极探索运用大数据、人工智能等技术辅助司法办案，深化大数据法律监督模型推广应用，赋能法律监督提质增效。

五、审计监督

审计监督是党和国家监督体系的重要组成部分，党的十八大以来，以习近平同志为核心的党中央高度重视审计监督工作。2018 年 3 月，中共中央印发《深化党和国家机构改革方案》，提出“组建中央审计委员会”，加强党中央对审计工作的领导，构建集中统一、全面覆盖、权威高效的审计监督体系，更好发挥审计监督作用。2023 年 5 月 23 日，二十届中央审计委员会第一次会议对审计工作提出了“如臂使指、如影随形、如雷贯耳”的明确要求。

按照“如臂使指”的要求，增强审计的政治属性和政治功能，把党中央部署把握准、领会透、落实好，主动将审计工作融入全省改革发展大局。2023 年 9 月 19 日，湖南省委审计委员会办公室印发《关于充分发挥审计监督职能作用助推实现“三高四新”美好蓝图的实施意见》，明确要求紧扣锚定“三高四新”美好蓝图，加快推动高质量发展这一主题主线，找准审计监督的切入点和发力点。

按照“如影随形”的要求，密切关注财政、税务、金融、国企等领域重大改革任务落实以及地方政府资金管理使用情况，深入揭示改革推进中面临的堵点、难点、痛点问题，发挥好深化改革的先导作用。高度重视政府债务、金融、房地产、能源等重点领域，增强前瞻性、提升敏锐性，深入揭示数据造假、信息失真、管理漏洞等问题，发挥好经济运行的“探头”作用。紧盯教育、就业、医疗、社保、乡村振兴等领域民生资金分配使用，大力推动审计力量向基层一线下沉、向群众身边延伸，严肃查处损害群众切身利益的突出问题和不正之风，发挥好群众利益的“卫士”作用。紧盯权力集中、资金密集、资源富集的领域，深化对投资决策、项目审批、招标投标等关键环节的审计，以领导干部经济责任审计为抓手，加强对公权力运行的监督，树牢“习惯过紧日子”思想，发挥好反腐治乱的独特作用。

按照“如雷贯耳”的要求，不断提高审计监督质效。坚持依法审计，严格依照《中华人民共和国审计法》《中华人民共和国审计法实施条例》等国家法律法规，以及《湖南省审计监督条例》开展审计监督工作。打造经济监督的“特种部队”，做好与其他监督的贯通协同，形成监督合力。2022 年，湖南省委巡视办与省审计厅联合出台《关于建立健全省委巡视机构与省审计厅工作协调协作机制的意见》，建立“巡审”联动机制。扎实做好审计整改“后半篇文章”，在督查督办、贯通协同、标本兼治、成果运用上下功夫，形成审计监督的强大震慑力。

六、财会监督

财会监督是依法依规对国家机关、企事业单位及其他组织和个人的财政、财务、会计活动实施的监督。2022 年 4 月 19 日召开的中央全面深化改革委员会第二十五次会议强调：“要严肃财经纪律，维护财经秩序，健全财会监督机制。”2023 年 2 月，中共中央办公厅、国务院办公厅印发《关于进一步加强财会监督工作的意见》，就加强财会监督作出具体部署。湖南省委办公厅、湖南省人民政府办公厅随后印发《关于进一步加强财会监督工作的实施方案》，结合湖南实际对加强财会监督提出具体要求。

进一步健全财会监督体系。加强党对财会监督工作的领导，财政部门依法履行财会监督主责，有关部门依照法定职责实施部门监督，各单位进一步加强内部监督，中介机构加强执业监督，行业协会加强自律监督。其中，全省各级财政部门是本级财会监督的主责部门，承担本级政府财会监督协调工作机制的日常工作，牵头组织对财政、财务、会计管理法律法规及规章制度执行情况的监督检查。

推动财会监督贯通联动。强化与巡视巡察监督、纪检监察监督的贯通协调，依法依规向纪检监察机关移送问题线索，协商选派财会业务骨干参加巡视巡察、纪委监委监督检查和审查调查。强化财审联动，推动财会监督与审计监督发挥各自优势，增强工作合力，相互采信检查结果，减少重复监督。

加大重点领域财会监督力度。聚焦推进高质量发展、保障和改善民生、深化财税体制改革、防范化解重大风险、防止资本无序扩张等重大决策部署落实情况开展财会监督，严肃查处财经领域违法违纪违规行为。聚焦收入征管、减税降费、党政机关过紧日子、基层“三保”、国库管理、资产管理、政府债务管理、惠民惠农财政补贴资金等领域，深入开展财会专项监督。

优化财会监督方式方法。将财会监督信息化工作纳入全省信息化发展规划部署推进，运用“互联网＋监督”方式，加快构建财会领域重大风险智能识别预警和实时处置机制，持续完善惠民惠农财政补贴资金“一卡通”系统。综合运用“线上＋线下”“日常监督＋专项监督”“检查＋调研”等方式，灵活运用检查核查、评估评价、监测监控、调研督导等方法，加强事前事中事后监督，前移监督关口，更加注重事前监督提示预警、及早控制，事中监督纠错纠偏、及时止损。

强化财会监督结果运用。建立监督结果公告公示制度，对违反财经纪律的单位和人员，依法依规公开曝光或纳入相关征信平台“黑名单”；属于党员和公职人员的，及时向所在党组织、所在单位通报，发挥警示教育作用。将财经纪律落实情况作为领导班子和有关领导干部考察考核的重要内容，纳入领导干部能上能下评价范围。

七、统计监督

统计监督是党和国家监督体系的重要组成部分，是政府统计工作的一项基本职能。为加快构建系统完整、协同高效、约束有力的统计监督体系，中共中央办公厅、国务院办公厅于 2021 年 12 月印发了《关于更加有效发挥统计监督职能作用的意见》。2022 年，中共湖南省委办公厅、湖南省人民政府办公厅印发《关于深入学习贯彻〈关于更加有效发挥统计监督职能作用的意见〉的通知》和《关于加强新时代统计工作的意见》。

《关于加强新时代统计工作的意见》部署了七项主要任务，其中第五项为更加有效发挥统计监督职能作用。

着力提升统计督察效能。加大统计执法检查力度，加强对推动高质量发展情况的统计监督，推动统计监督与其他监督贯通协同。统计工作具有监督职能，其自身也应当受到监督，特别是要防范和惩治统计造假、弄虚作假。只有确保统计数据真实准确，才能有效发挥统计监督的作用。

依法独立履行监测评价职能。将全省各地区各部门对党中央、国务院关于经济社会发展重大决策部署贯彻落实情况作为统计监督的重要内容，重点监测评价国家重大发展战略实施情况、重大风险挑战应对成效、人民群众反映突出问题解决情况等。重点监督领导干部在推动经济社会发展方面是否认真贯彻落实中央决策部署，是否存在履职不力、担当作为不够甚至弄虚作假、欺上瞒下等问题。

八、群众监督

群众路线是党的根本工作路线。习近平总书记 2014 年 10 月 8 日在党的群众路线教育实践活动总结大会上指出：“群众的眼睛是雪亮的，群众的意见是我们最好的镜子。只有织密群众监督之网，开启全天候探照灯，才能让‘隐身人’无处藏身。”党的十九大报告把群众监督作为增强党自我净化能力的根本依靠之一，强调“增强党自我净化能力，根本靠强化党的自我监督和群众监督”。

增强自觉接受群众监督的意识，养成在群众监督之下工作、生活的习惯。习近平总书记指出：“干部要坚持立党为公、执政为民，虚心向群众学习，真心对群众负责，热心为群众服务，诚心接受群众监督。”湖南省委要求扭转“不怕群众不满意，就怕领导不注意”的“唯上”思维。

拓宽群众监督渠道，不断创新群众监督的方式和手段。在互联网时代，湖南省积极探索建立“互联网＋群众监督”新形式。2011 年 2 月，红网《问政湖南》栏目正式成立，这是湖南第一个“官民可以直接互动”的网络问政平台，也是通过互联网践行党的群众路线、开展群众监督的重要阵地。2017 年 11 月，湖南省“互联网＋监督”平台正式上线运行，群众监督得到了科技赋能。应当进一步做实“互联网＋监督”，做到线上有反映线下必查核，使群众监督更加广泛便捷。

九、舆论监督

习近平总书记历来重视舆论监督工作。在福建，习近平同志给东南卫视《记者行动》题词：“做好舆论监督，反映百姓心声”；在浙江，习近平同志要求各级党委和政府同媒体积极沟通，“闻过则喜”；在上海，习近平同志要求市委和市政府全力支持舆论监督，善于集中大家意见，改进上海工作。2014年1月14日，习近平总书记在十八届中央纪委三次全会上强调，“发挥舆论监督包括互联网监督作用”。

坚持舆论监督和正面宣传相统一。2023年11月17日召开的湖南省宣传思想文化工作会议强调：“支持和鼓励主流新闻媒体实事求是开展舆论监督，持续巩固壮大主流思想舆论。”作为中共湖南省委机关报，《湖南日报》着眼解决问题、推动工作，积极开展建设性舆论监督，常设“民声”专版，设置《记者行动》《读者话题》《这事办好了》《湘问·投诉直通车》等专栏，倾听群众呼声，回应群众诉求。新闻媒体既要坚持团结稳定鼓劲、正面宣传为主，又要直面工作中存在的问题，直面社会丑恶现象，激浊扬清、针砭时弊。

十、促进各类监督贯通协调

党的二十大报告要求“促进各类监督贯通协调”。湖南省委贯彻二十届三中全会精神的《决定》要求，推动完善以党内监督为主导、各类监督贯通协调机制。各类监督各有各的定位和优势，关键是协调联动、优势互补。在推进清廉湖南建设的过程中，要充分发挥各类监督的作用。各类监督不能分散发力而应形成合力，共同助力清廉湖南建设。坚持以党内监督为主导。充分发挥党内监督在党和国家监督体系中的主导作用，这是由我们党的执政地位决定的。党内监督有力有效，才能引领其他各类监督找准定位、发挥作用、形成合力。完善重大监督事项会商研判、定期召开专项治理联席会、重要情况通报、问题线索移送等协同机制，推动各类监督有机贯通、相互协调。完善基层监督体制机制，强化力量统筹使用、工作一体推进。

第三节

破解“一把手”监督难题

“一把手”是“关键少数”中的“关键少数”，职位重要、权力集中，是监督对象的重中之重。党的二十届三中全会强调，“健全加强对‘一把手’和领导班子监督配套制度”。推进清廉湖南建设，必须结合湖南实际，从严管好“一把手”，破解对“一把手”的监督难题。

一、加大对“一把手”的监督力度

古人在总结历代贿赂现象后曾得出“贿随权集”的论断。用今天的话说，就是权力容易产生交易、导致贿赂，贿赂围绕权力进行。“一把手”处于各级权力核心位置，是被“围猎”的重点对象。党的十八大以来，以习近平同志为核心的党中央高度重视加强对“一把手”的监督。党的十九届四中全会明确要求“破解对‘一把手’监督和同级监督难题”。2021年，《中共中央关于加强对“一把手”和领导班子监督的意见》发布，这是我们党历史上首个以中央名义出台的针对“一把手”监督的专门文件。为深入贯彻该文件精神，湖南省委2022年5月印发《关于加强对“一把手”和领导班子监督的若干措施》，围绕四大方面，实化细化了28项具体监督举措。

必须将监督“一把手”作为干部监督的重中之重。党委（党组）、纪检机关、党的工作机关要突出对“一把手”的监督，将“一把手”作为开展日常监督、专项督查等的重点，让“一把手”时刻感受到用权受监督。结合落实全面从严治党主体责任考核，每年组织开展对“一把手”执行《党委（党组）落实全面从严治党主体责任规定》、贯彻《中共中央关于加强对“一把手”和领导班子监督的意见》情况的监督检查，将检查结果作为评价“一把手”的重要依据。结合政治建设考察，在实现书面述责述廉全覆盖的基础上，每年安排部分下级党组织“一把手”在上级党委常委会（党组）扩大会议上现场述责述廉、接受评议。省委组织部对市州和省直单位党政正职、县（市、区）委书记个人有关事项报告的核查实现一届任期全覆盖。“一把手”要以身作则，自觉接受监督，带头落实党内监督各项制度，在履行管党治党责任、严格自律上当标杆、作表率，既要自觉接受监督，又要敢于担当作为。同时，要明确监督目的，把握监督尺度，讲究监督方式，做到监督既有力又有度，既到位又不越位。

二、强化上级对下级“一把手”的监督

根据干部管理权限，“一把手”由上级管理，这决定了上级对下级尤其是上级“一把手”对下级“一把手”的监督最权威、最管用、最有效。要以上级监督特别是上级“一把手”监督下级“一把手”为突破口，着力解决“上级监督太远”的问题，并以上级监督带动同级监督、下级监督、专责监督、群众监督。

在党内监督中，党委（党组）负主体责任。上级党委既要任命使用下级“一把手”，也要管理监督下级“一把手”，切实把监督下级“一把手”的主体责任履行好。既要“挂帅”，加强对“一把手”监督工作的领导，旗帜鲜明支持各方面尤其是纪委监委加强对“一把手”的监督，进一步发挥党的工作部门特别是组织部门的职能作用；又要“出征”，也就是以上级党委名义开展监督，尤其要进一步强化对“一把手”的巡视巡察监督。把“一把手”作为巡视巡察的头号对象，将“一把手”履行第一责任人职责和廉洁自律情况在巡视巡察报告中单列，强化对“一把手”问题线索的核查与对“一把手”整改问题的监督。

在党内监督中，第一责任人是党委（党组）书记。将监督下级“一把手”情况作为上级“一把手”每年述职的重点内容。上级“一把手”要做到“三多”：多了解下级“一把手”的日常工作等情况；多注意干部群众反映了下级“一把手”什么问题；多听取下级领导班子成员对“一把手”有何意见。一旦发现问题，就要及时采取相应措施。加强上级“一把手”对下级“一把手”的谈话监督。上级“一把手”应当定期开展同下级“一把手”的日常监督谈话、同新任职下级“一把手”的任职谈话，对存在苗头性、倾向性问题或轻微违规违纪问题，或落实全面从严治党主体责任不到位、管党治党不力的，予以提醒、批评、教育或诫勉。

三、打好对“一把手”监督的“组合拳”

解决对“一把手”的监督难题，除了要解决“上级监督太远”的问题，还要解决“同级监督太软”“下级监督太难”等问题，应立体施策。

强化同级监督，减少“一把手”决策错误乃至腐败。加强领导班子成员相互监督，对“一把手”存在重要问题的，领导班子成员可直接向上级纪委监委和党组织报告。隐瞒不报造成不良影响或严重后果的，严肃追究责任。加强对“一把手”决策的监督，更好地贯彻民主集中制，把“一把手”末位表态、“三个不直接分管”、“三重一大”集体决策等制度落在实处，并进一步完善领导班子议事制度，所有班子成员对集体讨论事项都必须明确表态，并全部记录在案。

强化下级监督，执行领导干部插手干预重大事项记录制度。对“一把手”直接或指定、授意、纵容、默许其家属亲友、身边工作人员违规插手干预干部选拔任用、规划用地、工程建设、执法司法等问题的，受请托人应当拒绝办理、按规定分级报告并登记在案，及时移送相关部门处理。未履行登记、报告义务的，或明知违规仍予以办理的，依规依纪依法严肃追究责任。同时，要做好保密等工作，切实保护记录、上报“一把手”问题的下级。

强化专责监督，严格执行《全省纪检监察机关加强“一把手”监督“十必严”》。对涉及“一把手”的问题线索优先排查处置，对谈话函询事项作出否定性说明的一律予以了解核实，及时发现和纠正“一把手”在履职用权、廉洁自律等方面的问题和不足。紧盯市州、县市区、省直单位“一把手”，紧盯现在重要岗位可能还要提拔重用的领导干部特别是年轻干部，紧盯有亲属经商办企业、群众口碑较差的领导干部，对他们重点监督。定期对涉及下级“一把手”及领导班子其他成员的信访举报问题形成专题分析报告，及时报告党委（党组）和上级纪检监察机关。

强化群众监督，为群众更好地监督“一把手”提供便利。了解群

专栏 8-3

湖南出台“十必严”加强“一把手”监督

政治监督“评价必严”
主体责任“检查必严”
权力运行“盯防必严”
巡视巡察“体检必严”
廉政谈话“提醒必严”
组织生活“督导必严”
问题线索“处置必严”
谈话函询“核查必严”
廉政意见“把关必严”
违纪违法“查处必严”

（资料来源：三湘风纪网。）

众所思所盼，以群众满意为根本标准，及时调整完善对“一把手”监督的方向、范围、内容和方式方法。走好群众路线，听取群众对“一把手”的看法，从中发现有价值的线索与证据。监督依赖知情，公开保障知情。习近平总书记强调：“要加强对一把手的监督，认真执行民主集中制，健全施政行为公开制度。”《中国共产党党内监督条例》第十七条规定：“党组织主要负责人个人有关事项应当在党内一定范围公开，主动接受监督。”进一步加大“一把手”个人与工作相关信息公开力度，更好地保障群众知情权与监督权。

第四节

让监督插上科技的翅膀

二十届中央纪委三次全会要求，推动数字技术深度融入纪检监察各项业务。湖南省委贯彻二十届三中全会精神的《决定》明确要求“构建运用大数据防治新型腐败和隐性腐败机制”。推进清廉湖南建设，要让监督插上科技的翅膀，充分利用大数据、人工智能、移动互联网、云计算等数字技术，创新权力监督方式，消除权力监督盲区，提升预警监督能力，提高精准监督实效。

一、依托大数据平台，消除权力监督盲区

高水平推进政务信息化建设，落实“省级主建、市县主用”的集约建设模式，强化基础设施支撑，打造共性应用平台，努力把湖南党政智慧办公平台建设成为党政智能网络办公平台中的标杆和示范。建立权力运行可查询、可追溯的反馈机制，加强信息化监督平台建设，以公开促公正、以透明保廉洁。拓宽监督渠道，依法依规构建一定范

围内共享信息资源的大数据库，实现数据资源的全面整合和有序共享，打破信息孤岛、消除监督盲区，实现数据采集全覆盖。依托数据备案平台，对党政机关各部门工作数据进行全方位、广角度的留档备查，实现对资金、项目、物资、决策和权力数据的全覆盖，为监督工作提供“全、准、新”的海量数据支撑。构建信息共享互通的大数据库，推动大数据信息与监督工作深度融合，实现公权力监督的问题线索、情况通报等信息共享，弥补传统数据的先天不足，解决单打独斗的问题，使信息核查和日常监督工作协同化、常态化、系统化。通过智能分析平台的建设，有效发挥比对分析、关联分析、数据碰撞等算法工具的融合功能，实现权力监督无死角全覆盖。

二、发挥廉政画像作用，提升预警监督能力

基于公职人员的廉政画像构建预警监督系统。通过不断扩大廉政数据池，健全公职人员的廉政诚信制度，对高风险的关键人物和重要环节展开源头治理，对苗头性、倾向性问题及时予以预警提醒。设立贯穿领导干部监督全过程的预警体系，通过构建一系列测评指标和信息系统模型，评估领导干部廉政风险的等级，确定监督的主要对象并进行干预，以有效减少腐败行为的发生。构建以领导干部为重点的多维度信息查询挖掘模型。从各个部门获取相关事项信息，最大程度实现对其个人和家庭事项信息的验证与评估。

三、强化业务数字化管控，提高精准监督实效

利用数字化技术优化权力运行流程。以数字监督持续强化对权力的全链条管理，通过大数据碰撞比对锁定问题线索、智能化模型应用辅助反腐决策、大数据可视化分析探究腐败规律，实现精准监督在线上线下的有机融合和延伸拓展。利用云平台突破业务壁垒，实现横向

业务壁垒、纵向层级壁垒和内外数据壁垒“三个打通”。深化职能部门和上下级机构的信息整合，促进业务融合的同时强化稽核链条。强化以数据研判廉政风险，对重点领域、关键环节开展 7×24 小时的不间断信息化平台重点监控。对业务数据进行合理归并，逐步用“在线审计”替代“线下审计”。梳理各单位、各环节的共性问题、重点问题和廉洁风险易发领域，形成“电子监督地图”。在廉洁风险易发多发的关键节点设置探查点，建立 360 度全景分析档案，全天候在线监测和分析比对各部门、各单位履职情况，提高监督效率。一体推进构建运用大数据防治新型腐败和隐性腐败机制改革与深化公共资源交易领域突出问题专项整治工作，推动数字监督补位传统监督，探索形成具有湖南特色的改革经验。推动各地各部门形成合力，进一步打通数据壁垒，共同攻克改革推进过程中的瓶颈问题。

专栏 8-4

湖南省探索“机器管招投标”

2025 年 1 月 8 日，湖南省“机器管招投标”省本级交易系统上线试运行。湖南省公共资源交易的监管方式相应开始全面升级，建立全流程留痕闭环管理机制，对招投标活动中的每一个环节进行实时监控和记录，实现通透式运行、浸透式交互、穿透式监管。2025 年 2 月 10 日，湖南省首批使用“机器管招投标”系统的项目顺利完成开评标。

在传统评标过程中，评审专家的个人经验和主观判断对评审结果影响较大，容易出现评审标准不一致的情况。而“机器管招投标”系统预先设定科学评审规则和量化指标，对投标文件进行全面、客观分析和打分，能帮助专家更公正地作出评审决策，并杜绝评标过程中的人为干预，真正实现“打不了招呼，打了招呼也没用”。

（资料来源：奉永成、刘欢《我省“机器管招投标”省本级系统试运行》，《湖南日报》2025年1月9日；莫成、曾佰龙、肖怀真《首批“机器管招投标”项目开评标完成》，《湖南日报》2025年2月11日。）

第9章

以文化人——加强新时代廉洁文化建设

要在不想腐上巩固提升，更加注重正本清源、固本培元，加强新时代廉洁文化建设，涵养求真务实、团结奋斗的时代新风。

——2023年1月9日，习近平总书记在二十届中央纪委二次全会上的讲话文能化人、以文化人，文化具有深厚巨大的力量。党的二十大与党的二十届三中全会明确强调："加强新时代廉洁文化建设。"湖南省第十二次党代会提出，全面建设清廉湖南，建设清廉单元，弘扬清廉文化。建设清廉湖南，必须在湖南全域全方位扎实推进新时代廉洁文化建设，深入贯彻落实中共湖南省委办公厅于 2022 年 6 月印发的《关于加强新时代廉洁文化建设的若干措施》，让以清为美、以廉为荣在三湘大地蔚然成风。湖湘廉洁文化是中华廉洁文化体系中一颗璀璨的明珠，有着深厚的历史渊源、丰富的精神内涵、久远的影响力量。应深入挖掘运用湖湘传统文化中的廉洁元素和湖湘红色文化中的廉洁基因，彰显其中的历史意义和时代价值，并进行创造性转化和创新性发展。

第一节

准确把握新时代廉洁文化建设的目标任务

2009 年 12 月，中央纪委、中央宣传部、监察部等联合发布《关于加强廉政文化建设的意见》。2022 年 1 月，中共中央办公厅印发《关于加强新时代廉洁文化建设的意见》，强调必须站在勇于自我革命、保持党的先进性和纯洁性的高度，把加强廉洁文化建设作为一体推进不敢腐、不能腐、不想腐的基础性工程抓紧抓实抓好，为推进全面从严治党向纵深发展提供重要支撑。2022 年 1 月 18 日，习近平总书记在十九届中央纪委六次全会上强调："领导干部特别是高级干部要带头落实《关于加强新时代廉洁文化建设的意见》，从思想上固本培元，提高党性觉悟，增强拒腐防变能力。"2025 年 1 月，二十届中央纪委四次全会强调，加大以文化人、以文育人力度，制定新时代廉洁文化建设三年行动计划（2025—2027 年），推动廉洁文化走进各行各业、千家万户。从“廉政文化”到“廉洁文化”，一字之变，时代特色更加鲜明、思想内涵更加丰富、覆盖范围更加全面，表明了党中央正风肃纪、崇廉拒腐的坚定决心。新时代赋予了廉洁文化新的内涵和要求，必须准确把握新时代廉洁文化建设的新特点和目标任务，充分发挥廉洁文化“正心明德、滋养身心、成风化人”的独特功能和优势，紧紧抓住“不想腐”这个根本，有力推动廉洁文化建设走深走实。

一、夯实清正廉洁思想根基

习近平总书记强调，“信仰、信念、信心是最好的防腐剂”。革命文化、社会主义先进文化和中华优秀传统文化中蕴含着丰富的廉洁文化因子，三者共同铸就了新时代廉洁文化的“根”与“魂”。理想信念是共产党人的政治灵魂和安身立命的根本，是共产党人经受住任何考验的精神支柱。要增强对马克思主义和共产主义的信仰、对中国特色社会主义的信念、对实现中华民族伟大复兴的信心。强化理论武装，增强政治定力和抵腐定力，把学习贯彻习近平新时代中国特色社会主义思想作为长期的重大政治任务，引导党员干部筑牢信仰之基、补足精神之钙、把稳思想之舵。教育引导广大党员干部特别是领导干部严守政治纪律和政治规矩，保持清清爽爽的同志关系、规规矩矩的上下级关系、干干净净的政商关系，反对拜金主义、享乐主义、唯利是图、损公肥私，推动营造风清气正的良好政治生态。

二、厚植廉洁奉公文化基础

用革命文化淬炼公而忘私、甘于奉献的高尚品格。从党的百年奋斗历程中传承廉洁奉公、廉洁为民的红色基因，牢固树立立党为公、执政为民的理念，学习革命先辈勤政为民、公而忘私的崇高风范，弘扬以伟大建党精神为源头的中国共产党人精神谱系，激励党员干部廉洁自律、公而忘私、甘于奉献。用社会主义先进文化培育为政清廉、秉公用权的文化土壤。推动践行社会主义核心价值观，大力宣传秉公用权、廉洁从政的先进典型，培育和形成廉荣贪耻、向上向善的社会氛围。用中华优秀传统文化涵养克己奉公、清廉自守的精神境界，注重挖掘历史文献、文化经典、文物古迹中的廉洁思想，整理古圣先贤、清官廉吏的嘉言懿行，汲取崇德尚廉、廉为政本、持廉守正等传统廉洁文化精华。

三、培养廉洁自律道德操守

培养廉洁自律道德操守，对普通公民来说，就是要树立廉荣贪耻、诚实守信的道德观念，把培育清廉价值理念与社会公德、职业道德、家庭美德、个人品德教育有机结合起来，使清廉、诚信、勤俭、守法等道德观念成为人们普遍接受的行为准则；对党员干部特别是领导干部来说，就是要通过廉洁文化教育修好对党忠诚的大德、造福人民的公德、严于律己的品德，强化自我修炼、自我约束、自我改造，时刻自重自省、自警自励，心有所畏、言有所戒、行有所止。教育引导党员干部保持高尚精神追求，培养健康生活情趣，净化生活圈、交往圈，严守规矩、不逾底线。领导干部的家风关系党风政风和民风社风，要注重从中华传统家训家规中汲取营养，传承克勤克俭、清白清廉的良好家风。

四、发挥廉洁教育基础作用

廉洁教育在新时代廉洁文化建设中具有基础性地位和作用。强化形势与政策教育，保持政治上坚定清醒。虽然反腐败斗争已取得压倒性胜利并全面巩固，但形势依然严峻复杂，必须清醒地认识到腐败和反腐败斗争的严峻性、复杂性，认识到反腐败斗争的长期性、艰巨性。党员、干部要始终做到政治清醒、立场坚定，时刻保持对“腐蚀”“围猎”的警觉。强化纪法意识，推动敬法畏纪。切实增强党员、干部的法治意识、党规意识、制度意识和纪律意识，做党章党规党纪和国家法律法规的自觉尊崇者、模范遵守者、坚定捍卫者，促进依法履职、廉洁从政。强化警示教育，做到警钟长鸣。健全警示教育制度、创新警示教育方式、挖掘警示教育资源，深化以案促改促建促治，增强警示教育的针对性和实效性。强化示范引领，激励党员干部勤廉从政。充分发挥革命英雄、建设楷模和时代先锋的精神引领、典型示范作用，深入挖掘艰苦朴素、公而忘私，不计较个人得失、不贪图享受等崇高品质，大力宣传勤政为民、廉洁奉公的典型事迹，更好发挥勤廉典型的示范引领作用。

五、弘扬崇廉拒腐社会风尚

营造“以清为美、以廉为荣”的社会氛围是清廉建设的重要目标。推进新时代廉洁文化建设，需要社会各界共建共创、全过程参与。要把廉洁文化融入政治、经济、社会发展各个方面，通过常态化、立体化、多样化的廉洁教育活动，使全体社会成员受到廉洁文化的熏陶、浸润与滋养。潜移默化、润物无声，久久为功、绵绵用力，实现廉洁文化教育教化、正心正行、移风易俗、化风成俗。党员干部要成为弘扬崇廉拒腐风尚的积极践行者，党员领导干部要成为弘扬崇廉拒腐风尚的模范带头人，形成“头雁效应”。

第二节

大力挖掘湖湘传统文化中的廉洁元素

湖湘文化历史悠久、源远流长、底蕴深厚、影响巨大。湖湘文化中的“廉洁”基因，历经千年的发展演变，生生不息，形成了既有文化传承又极富当代价值的湖湘廉洁文化。

一、古圣先贤、历史名人的廉洁思想

湖湘地区历史上人才辈出、贤士聚集。炎帝神农勤政为民，尝百草崩葬于炎陵；舜帝选贤任能，以德治民，南巡时葬于九嶷山，在湖南留下了许多历史遗迹和文化印记。屈原是我国历史上最早的廉洁倡导者，率先直接提出“廉洁”一词。周敦颐不但是宋代理学的开山鼻祖，更是湖湘廉洁文化的重要开拓者。他开创“濂溪学派”，推崇莲花的“出淤泥而不染”，倡扬“官清赢得梦魂安”。王船山的经世致用和朴素唯物主义思想对近代湖湘影响深远，他认为从政者要做到“廉以洁己，慈以爱民”。

在湖湘历史中，涌现出了一大批具有廉洁人格的清官廉吏。他们继承了儒家传统文化中“仁政爱民”“克己奉公”“廉洁自律”“以天下为己任”的理念，同时也传承了湖湘文化中“心忧天下、敢为人先、经世致用、坚韧不拔”的精神。如，“待人不计私仇，为官不存私心”的蜀相蒋琬，“居官以正己为先”的刘大夏，“身无半亩，心忧天下”的左宗棠，“以寒士始，愿以寒士归”的彭玉麟，等等。

结合实施中华优秀传统文化传承发展工程，湖南各地深入挖掘整理炎帝、舜帝、屈原、周敦颐等古圣先贤以及蒋琬、刘大夏、左宗棠等清官廉吏的嘉言懿行、廉政思想，并进行了创造性转化、创新性发展。如，炎陵县在炎帝陵景区创建炎帝圣德廉风展厅，编纂出版《炎帝圣德廉风》；宁远县的舜帝陵成为省级廉政文化教育基地。汨罗市以屈子祠遗址为基础，打造屈子文化园。道县打造“濂溪故里”文化品牌，修复周敦颐故居、濂溪书院，建设濂溪博物馆，还推出了电影《爱莲说》。湘阴县深度挖掘左宗棠的浩然正气、清廉家风，建成和修缮了左宗棠文化园、柳庄、左文襄公祠。

专栏 9-1

周敦颐：官清赢得梦魂安

周敦颐，北宋道州营道楼田堡（今湖南道县楼田村）人，字茂叔，号濂溪，世称濂溪先生，系北宋著名思想家、哲学家、文学家、教育家。其名篇《爱莲说》脍炙人口，千百年来对中华文化影响甚深。

周敦颐任永州通判时，侄子周仲章来看望他，想谋个差事，被他断然拒绝。侄子临走时，周敦颐除送了些银子和布匹给他外，还特意写了首《任所寄乡关故旧》："老子生来骨性寒，宦情不改旧儒酸。停杯厌饮香醪味，举箸常餐淡菜盘。事冗不知筋力倦，官清赢得梦魂安。故人欲问吾何况，为道舂陵只一般。"

（资料来源：三湘风纪网。）

二、历史文献、文物古迹中的廉洁文化

湖南文源深、文脉广、文气足，关于廉洁文化的文献、文物极为丰富。龙山县里耶秦简记载了秦朝“以法治吏”的廉政文化，其文字记载有公务接待标准、公车管理办法、秦朝官吏“五善五失”等，提供了秦朝实施廉政吏治建设和御史监察制度的鲜活案例。岳麓书院是湖湘文化的重要发祥地和承载地，其学以致用、注重践履的学风影响了大批湖湘士子。朱熹曾题“忠”“孝”“廉”“节”四字立于书院讲堂，故讲堂又称“忠孝廉节堂”。千古名篇《岳阳楼记》中，“先天下之忧而忧，后天下之乐而乐”的忧乐精神，是对儒家民本思想、家国情怀的创新发展。

湖南各地注重挖掘历史文献、文化经典、文物古迹等历史文化资源中蕴含的廉洁文化因子，让收藏在博物馆里的文物、书写在古籍里的文字等文化遗产“活”了起来。湖南图书馆打造了“千年廉脉——湖湘典籍里的清风廉韵”展，展示了馆藏的湖湘珍贵典籍和湖湘名人手札、家规家训、诗词书画等，并在全省展开巡展，让湖湘千年廉脉可观、可感、可触。岳阳市全方位打造岳阳楼“忧乐精神”文化品牌，新增双公祠、廉政碑廊、廉政诗墙、“忧乐精神”墙画等廉政文化景观，设立“岳阳楼日”，成立岳阳市忧乐精神研究会。怀化市以洪江古商城独特的洪商文化为依托，结合文旅开发，挖掘“清白做人、踏实本分，诚信为本、吃亏是福”等讲究自律、注重商德的传统廉洁文化。龙山县组织专家解读3.8万多枚秦简中的廉洁故事，打造里耶秦简廉政教育基地。汝城县、嘉禾县分别将表彰古代监察官员的“绣衣坊”“风宪牌坊”打造为廉政教育基地。

专栏 9-2

里耶秦简：古井深藏千年简　生动再现秦朝史

里耶古城遗址位于湖南省湘西土家族苗族自治州龙山县里耶镇，最初是战国时代楚国黔中郡辖下的迁陵县城。2002 年 6 月 3 日，在遗址一号井内发现简牍；6 月 29 日完成发掘，共出土简牍 38 000 余枚，数量远远超出过去考古发现的秦简总和。

里耶秦简是中华文化的重要载体，简牍文字真实呈现了秦代政治、经济等各方面的制度和当时的社会风貌，记录了两千多年前中国的大一统政治文明，具有重要的史料价值、学术价值和社会价值。秦简中包括官员选拔、官德教育、官员行事、考核标准等内容，还记载了当时依法治吏的历史，比如处置官员行贿受贿、挥霍公款、假公济私等。

（资料来源：中央纪委国家监委网站；国家文物局网站。）

三、传统家规家训中的廉洁家风

传统家规家训是中华传统文化的重要组成部分，蕴含着丰富的修身治家、育人处世思想。岳阳县张谷英村张氏家族历经600余年，形成了“重孝义、求和睦、勤耕读、崇廉洁”的家规家训。桂阳汤氏制定了警惕游惰、规诫淫乱、禁止赌博等十条族规。曾国藩十分重视家风家教，留下了许多教导家中子弟为人处世的家书家训。在严谨治家、勤廉为政、修身自律、读书明理等家风熏陶下，百余年来，曾氏家族人才辈出，长盛不衰。

延续和弘扬优秀的传统家规家训，有利于涵养新时代的良好家教家风。双峰县通过举办专题展览、讲座论坛和读书会等多种形式，依托曾国藩故居——富厚堂打造家风家教品牌。岳阳县建设张谷英孝廉家风传承馆，用时代精神激活孝廉文化生命力。浏阳市秧田村大力传承弘扬勤耕重读的家风家教传统，成为远近闻名的“博士村”。

专栏9-3

张谷英村：湖湘孝廉文化的“活化石”

张谷英村位于湖南省岳阳县，村内古建筑群系明洪武年间张谷英首建，是全国重点文物保护单位，入选首批中国历史文化名村、首批中国传统村落名录。

“耕读继世，孝友传家”的对联，悬挂在张谷英村的当大门上。后经张氏先贤不断充实、修订，形成了孝父母、友兄弟、端闺化、择婚姻、睦族姓、正蒙养、存心地、恤贫寡等十六条家训，戒酗酒、戒健讼、戒多事、戒浮荡、戒贪忌等五条族戒，融合了儒家“孝、和、勤、廉”等理念，并转化成操作性极强的行为规范。数百年来，张谷英的后裔外出为官者多达 300 余人，却无一贪官；历经 26 世，繁衍数万人而经久不衰。

（资料来源：中央纪委国家监委网站、三湘风纪网、湖南日报·新湖南客户端。）

四、民间艺术、民俗文化中的廉洁元素

三湘四水孕育了灿烂绚丽的民间艺术和多姿多彩的民俗风情。湘绣、滩头木版年画、木雕、皮影戏、江永女书等民间艺术被列入国家级非物质文化遗产名录，花鼓戏、湘剧、昆剧、祁剧和常德丝弦、长沙弹词等传统戏剧、民间曲艺享誉中外。这些民间艺术、民俗文化中蕴含了诸多朴实的廉洁元素，实现非遗活态传承的同时，也让湖湘廉洁文化浸润千家万户。如，湘绣构图章法严谨，曲直分明，千万次针

与线的钩连间，考验的是绣工对本心的坚守；木雕注重“进退有度，取舍有道”，雕刻的过程更需要坚韧不拔的精神、甘于寂寞的耐心和淡泊宁静的心性。

湖南各地充分运用本土廉洁文化资源，结合本地传统民间艺术形式，创作推出了一批具有湖湘特色、人们喜闻乐见的优秀廉洁主题文艺作品。屈原管理区纪委以屈原在当地投江殉国为故事背景，组织编排廉政花鼓戏《大夫殉国》；涟源市湘剧保护传承中心推出大型历史湘剧《烧车御史》，讲述涟源籍监察御史谢振定刚正不阿、勇斗和珅的故事；常德鼎城区将流传千年的善卷文化融入湘北大鼓《管女婿》、丝弦《乡里的世界也精彩》等作品；一些地方还将廉洁理念融入广为流传的民谣中，如侗族大歌《多耶》、《蝉歌》、“诫赌”山歌等。这些人们喜闻乐见的作品，潜移默化、润物无声，对廉洁教育产生了重要作用。

第三节

传承湖湘红色文化中的廉洁基因

2020 年 9 月，习近平总书记在湖南考察时指出：“湖南红色资源丰富，十步之内必有芳草。”2024 年 3 月，习近平总书记在湖南考察时强调：“保护好、运用好红色资源，加强革命传统和爱国主义教育，引导广大干部群众发扬优良传统、赓续红色血脉，践行社会主义核心价值观，培育时代新风新貌。”湖南是“伟人故里、将帅之乡”，是中国共产党和中国革命的重要策源地。这片红色热土走出了毛泽东、刘少奇、任弼时、彭德怀、贺龙、罗荣桓等老一辈革命家，蔡和森、向警予、夏明翰、杨开慧、郭亮等革命英烈，发生了秋收起义、湘南暴动、平江起义、通道转兵等重大历史事件。据《湖南省革命遗址普查报告》，目前全省普查到的红色资源点有2095处，重要历史事件和重要机构旧址475处，革命领导人故居488处。

革命先辈们坚贞不屈的理想信念、英勇无畏的牺牲精神、廉洁奉公的公仆品格、勤政为民的人民情怀、高尚纯粹的道德情操、艰苦奋斗的优良作风、严于律己的良好家风，极大地丰富了湖湘廉洁文化的内涵。要围绕党史重大事件、重要活动、重要人物等，深入挖掘、研究具有鲜明湖南标识的革命精神，提炼革命文化蕴含的廉洁理念，讲好党的故事、革命的故事、英雄的故事，传承和弘扬以伟大建党精神为源头的中国共产党人精神谱系。

一、湘籍无产阶级革命家的勤廉事迹和廉政思想

以毛泽东、刘少奇、任弼时为代表的湘籍老一辈革命家是廉洁奉公、勤政为民的典范。毛主席一生极为俭朴，1952年到1962年没做过一件新衣服，一件睡衣穿20年补了70多次。他倡导节约、反对浪费，提出全心全意为人民服务的思想。刘少奇同志曾说：“人民的利益，即是党的利益。除了人民的利益之外，党再无自己的特殊利益。”他在白区工作时，经常经手几万元的党的活动经费，但他分文不取。任弼时被誉为党和人民的“骆驼”，他一生有“三怕”：一怕工作少，二怕麻烦人，三怕用钱多。

湖南有韶山毛泽东同志纪念馆、宁乡刘少奇同志纪念馆等全国廉政教育基地，杨开慧纪念馆、雷锋纪念馆、粟裕同志纪念馆等省级廉政教育基地。韶山管理局在韶山毛泽东同志纪念馆推出“风范长存——毛主席遗物展”，提质升级“胜利的密码——毛泽东与反腐倡廉展”，通过文物、文献、手稿、照片等系统展现了毛泽东的伟大情怀和不朽风范。长沙推出刘少奇同志纪念馆党性教育网上展馆，打造了“初心与使命”精品党性教育课程。

二、革命先辈的不朽精神和优良作风

革命人物、革命文物、革命旧址等，集中体现了党的光荣传统和优良作风。夏明翰烈士临刑前写下就义诗：“砍头不要紧，只要主义真。杀了夏明翰，还有后来人。”29 岁的红军 34 师师长陈树湘血战湘江，受伤不幸被俘后断肠明志，壮烈牺牲，为苏维埃流尽了最后一滴血。“寸土千滴红军血，一步一尊英雄躯”，正是湖南革命先辈牺牲精神的生动诠释。1928 年 4 月，毛泽东在桂东沙田颁布《三大纪律六项注意》（后发展为《三大纪律八项注意》），被誉为“第一军规”。三名女红军借宿汝城县沙洲村徐解秀老人家，临走时，把自己仅有的一床被子剪下一半给老人，留下了“半条被子”的故事，生动反映了军民鱼水情。

湖南各地深入挖掘红色资源背后的革命精神和优良作风。郴州市在汝城县沙洲村建设“半条被子的温暖”专题陈列馆。道县建设陈树湘烈士纪念馆、陈树湘文化广场，推出“断肠明志铸忠诚——陈树湘

专栏 9-4

“第一军规”

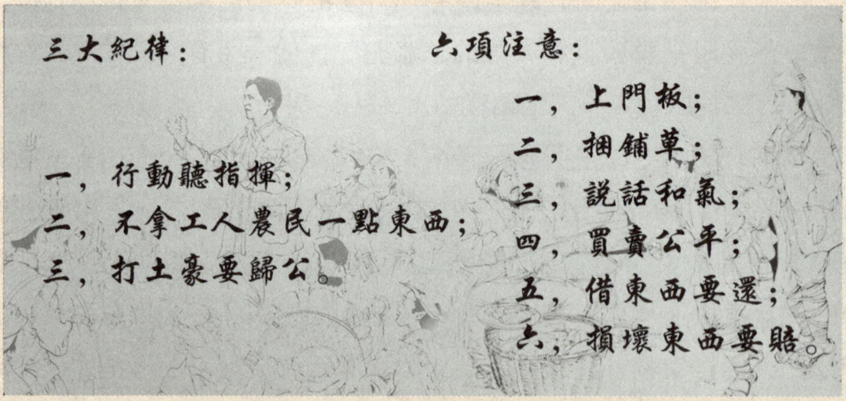

（资料来源：红网。）

烈士生平事迹陈列”。炎陵县打造了全国首家以红军标语为陈列内容的专题博物馆。

三、湖湘红色好家风

家风正则民风正，民风正则政风清。红色家风是共产党人永不褪色的“传家宝”，是涵养清廉家风的重要精神源泉。湘籍革命先辈的红色家风令人敬佩。毛主席在家风上坚持三条原则：“恋亲不为亲徇私，念旧不为旧谋利，济亲不为亲撑腰。”他拒绝为夫人杨开慧的哥哥杨开智安排工作。刘少奇教育子女“永做人民的勤务员”，绝不允许亲属利用党和人民给的权力搞任何特殊。胡耀邦不惜与哥哥胡耀福红脸，拒绝给家乡浏阳批化肥。他说：“我不是家乡的总书记，不能为家乡谋特殊利益。”开国将军钟伟告诫子孙“不占便宜、不捞好处，要靠自己本事”，其亲属均在平江老家务农。

近年来，湖南深入挖掘并大力弘扬湘籍老一辈无产阶级革命家群体清廉正直、铁面无私、克己奉公、艰苦朴素的红色家风。《湖南日报》、湖南卫视等媒体推出“湖湘好家风”系列报道；湖南省纪委监委官网官微“三湘风纪”推出《传承·湖湘好家风》《红色家书》等专栏；湖南省纪委与湖南省委党史研究室（今湖南省委党史研究院）共同编著出版《家规·家训·家风——湖南故事》；《湖南红色基因文库》编纂出版委员会、湖南省委党史研究院编著出版《湖湘红色家风故事》。

四、廉洁奉公、敬业奉献的楷模

新中国成立以来，湖湘儿女中涌现出了雷锋、欧阳海、文花枝、谭千秋、艾爱国、万步炎等一大批爱党爱国、廉洁奉公、艰苦奋斗、敬业奉献的楷模人物。雷锋“把有限的生命，投入到无限的为人民服务之中”，湖南雷锋纪念馆和雷锋故居充分利用多媒体、场景、视频、动漫等展示雷锋精神。此外，还有舍身救列车的“爱民模范”欧阳海，“先救游客”的“最美导游”文花枝，汶川地震中以身护卫四名学生的英雄教师谭千秋，“大国工匠年度人物”艾爱国，“时代楷模”万步炎，等等。

第四节

彰显湖湘廉洁文化的鲜明特质

湖湘廉洁文化在中华优秀传统文化和湖湘文化的浸润下孕育而生，有其鲜明特质。

一、洁身自好的高尚节操

洁身自好、不同流合污，是湖湘廉洁文化的一个鲜明特质。屈原被流放沅湘、洞庭湖一带十八年，最后自沉汨罗江殉国。他在《招魂》中写道：“朕幼清以廉洁兮，身服义而未沬。”屈子志洁行廉、不与世俗同流合污的高尚节操，对湖湘后世产生了深远影响。周敦颐的爱莲思想，是对屈原廉洁思想的继承和发展。明朝的满朝荐勇斗以魏忠贤为首的宦官，不惜冒死直谏，被害入狱七年，两次被削职为民。在贪腐成风的晚清官场，湘军水师统帅彭玉麟一生六次辞官，坚持“不要官、不要钱、不要命”，不慕名利、不治私产，不愿居高位，只愿为国为民做实事。

二、心忧天下的家国情怀

湖南被称为“屈贾之乡”，深受屈原爱国忧民情怀和贾谊忧国恤民思想影响。自屈贾后，忧患意识、家国意识一直是湖湘历史文化的主流。范仲淹的《岳阳楼记》，是湖湘忧乐精神、家国情怀的文化象征。左宗棠在穷困时写下“身无半亩，心忧天下”；面对外敌入侵新疆，64岁高龄的他力排众议，抬棺出征，最终收复新疆。在旧民主主义革命和新民主主义革命中，一批批湖南人冲锋在前。蔡锷拒绝袁世凯的高官厚禄，“为四万万人争人格”；陈天华、易白沙为唤醒民众以死殉国；黄兴发动黄花岗起义，愈挫愈勇，浴血奋战。毛泽东、刘少奇、任弼时、彭德怀、贺龙等老一辈无产阶级革命家，无不以天下兴亡为己任，将个人毕生精力倾注于民族解放、国家振兴图强的伟业。

三、两袖清风的品格修养

清廉是中国历代推崇的美德，也是湖湘廉洁文化的最本质特征。明朝“布衣尚书”夏原吉掌管户部27年，被抄家时仅有布衣瓦器，后人评价其“一生清操如冰雪，五世砺节似苍松”。曾国藩提出“居官以不要钱为本”“以宦囊积金遗子孙为可羞”。左宗棠任巡抚、总督23年之久，捐出巨额廉俸用于赈灾济民、兴办教育、购买军火、抚恤下属等，每年仅寄200两银子作全家开支。

四、勤政为民的民本思想

柳宗元贬谪永州期间，目睹百姓苦难，提出“吏为民役，民可黜罚”的民本思想，认为地方官是百姓的仆役，而不是奴役百姓的。清代陈鹏年被康熙誉为清、慎、勤的“第一能臣”，他坚决反对两江总督阿山加税用于康熙南巡开销，说“吾官可罢，民赋不可增”。以毛泽东、刘少奇、任弼时等为代表的老一辈革命家更是廉洁奉公、勤政为民的典范。毛主席说：“我们一切工作干部，不论职位高低，都是人民的勤务员，我们所做的一切，都是为人民服务。”三年困难时期，他坚持与人民群众同甘共苦，不吃肉、蛋，带头降工资。胡耀邦同志有副对联集中体现了他的为民情怀：“心在人民，原无论大事小事；利归天下，何必争多得少得。”朱镕基在上海工作时说：“我想应该提倡一种精神，就是为了人民的利益，不惜牺牲一切，什么情面、关系也不要讲。”

五、经世致用的务实作风

湖湘学派倡导“经邦济世”“知行合一”“求仁履实”，反对传统理学的唯心主义、空谈义理和不务实际，将传习理学思想与经邦济世、救危解难的强烈经世愿望紧密结合。王夫之进一步将理学经世思想推向一个新的高度，深刻影响了近代湖湘精英。近代“睁眼看世界第一人”魏源首开近世风气，在《海国图志》中提出“师夷之长技以制夷”的主张。作为经世致用思想的继承者，曾国藩是近代洋务运动的最早发起者和开拓者之一；左宗棠筹办马尾船厂和船政学堂，创办兰州制造局；郭嵩焘成为首位驻英法公使。岳麓书院是党的实事求是思想路线的一个策源地和有重要影响的地方，青年毛泽东深受岳麓书院经世致用学风和实事求是理念的影响。革命时期，毛泽东把马克思主义基本原理同中国革命实际相结合，提出了一切从实际出发、理论联系实际、实事求是的思想路线。

六、敢于任事的担当精神

敢为人先、勇于任事，坚韧不拔、担当作为，是湖湘精神的另一个鲜明特征。湖南人的精神被形象地总结为“吃得苦、霸得蛮，扎硬寨、打硬仗”。王船山在极其艰苦的条件下致力于儒家学术研究，造就了中国传统哲学和湖湘文化的高峰。“干国良臣”陶澍是清代勇于任事的典型，他在改革盐政、改良漕运、创办海运、兴修水利等方面政绩卓著。杨度曾云：“若道中华国果亡，除非湖南人尽死。”在辛亥革命和新民主主义革命时期、社会主义建设时期，湖南更是涌现了一大批不怕牺牲的仁人志士、勇于担当的革命英烈、敢于拼搏的时代楷模。

第 五 节

推动廉洁文化建设实起来强起来

《推进清廉湖南建设的意见》指出，要“强化文化引领”，“充分发掘利用红色文化教育资源，在传承红色基因中涵养清风正气。鼓励支持清廉艺术作品创作，开展群众性清廉宣传教育活动，让以清为美、以廉为荣在三湘大地蔚然成风”。党的十八大以来，湖南深入推进新时代廉洁文化建设，各地各部门结合实际，创新载体、突出特色、壮大阵地、提升实效，立足地域特色全方位加强新时代廉洁文化建设。要绵绵用力、久久为功，使清正廉洁成为湖南干部群众所推崇和弘扬的新风尚。

一、运用新媒体新技术，创新廉洁文化传播方式

进入新时代，传播理念、技术、载体均发生了深刻变化，应顺应信息化、数字化、网络化、智能化发展趋势，充分运用媒体融合成果，创新传播载体手段，综合运用微信、抖音、微博等新媒体传播平台，运用幻影成像、VR（虚拟现实技术，virtual reality）、AR（增强现实技术，augmented reality）等多种新技术和短视频、音频、微电影、公益广告、动漫、漫画、H5 等新方式，让廉洁文化可感可触、

可亲可近。同时，充分利用重点路段、车站机场、核心商圈、主题公园等人流密集场所的楼宇电视、户外电子显示屏、宣传栏、广告牌等载体，及时展播廉洁文化主题公益标语、作品，打造廉洁文化主题地铁专列、公交专线和站点等。推动廉洁文化宣传进企业车间、村组屋场、社区街道、校园课堂、机关楼栋。统筹各类媒介资源，积极传播廉洁理念，增强廉洁文化的吸引力、感染力、影响力，实现广泛覆盖、有效覆盖。

近年来，湖南省纪委监委官网官微“三湘风纪”策划推出了“最美三湘廉政文化教育基地”展播、“湖湘廉洁地图”H5专题、“湖湘廉吏”系列动漫、“漫说名人与湖湘”系列漫画、“廉润湖湘”系列短视频等一大批新媒体作品。湖南省纪委监委宣传部联合湖南省委宣传部推出“欢乐中国节　廉洁好家风”“正家”等廉政公益宣传，组织省直媒体制作海报、短视频、动漫、H5、音频等新媒体作品；同时组织制作了“拒绝礼金礼品　弘扬清风正气”“换届‘十严禁’”等系列廉政公益广告。浏阳市开发“云上清廉浏阳”微信小程序，汇聚视频、音频、图片等打造“网上廉洁文化展馆”。益阳、长沙分别推出《非遗中的清廉》《廉韵·风物志》系列短视频。桃江县以二十四节气为主题推出《清风·节气》系列公益短视频。

二、因地制宜深挖本土资源，推进廉洁文化阵地建设

坚持因地制宜与守正创新相结合，突出本土特色，创新拓展阵地建设，在丰富廉洁文化载体方面下足功夫，通过可听、可视、可感的方式推出一些群众喜欢看、记得住、传得开的廉洁文化作品。立足湖南各地丰富的红色文化资源和传统廉洁文化资源，打造看得见、摸得着的廉洁文化阵地，充分利用红色教育基地、党员教育培训基地、爱国主义教育基地、公共文化机构等，依托各地历史文化名胜，丰富廉洁文化展陈。在公共文化服务整体规划中统筹廉洁文化阵地建设，将

廉洁文化景观、廉洁文化活动场所建设融入规划布局，同时用好博物馆、图书馆、展览馆、群艺馆、文化馆（站）、村（社区）文化中心等公共文化设施。各地要建立廉洁文化阵地名录，持续命名挂牌一批廉洁文化示范基地。推动廉洁文化资源数字化，建设网上廉洁文化展馆，积极利用电视、电影、报刊、广播、新媒体平台等，打造廉洁文化建设新阵地。

目前湖南全省有181家廉洁文化阵地（廉政教育基地、警示教育基地、廉洁文化示范点），其中省级廉政教育基地43家、省级廉洁文化示范点25家。各地依托名人故居、革命旧址等打造了一大批廉政教育基地。湖南烈士公园依托丰富的红色文化资源，建设以忠诚、干净、担当为主题的“潇湘忠魂”专题陈列展厅，推出主题宣讲《黄金有价清廉无价》、长沙弹词《湖湘廉脉源流长》、红色舞台剧《潇湘之子》等廉洁文化作品，让游客接受立体式、浸润式教育。浏阳市依托胡耀邦故居，打造胡耀邦故里廉洁文化专题陈列及廉政箴言书法碑林，集中展示了胡耀邦“心在人民、利归天下”的崇高风范。衡阳市恢复修缮首届中央监委候补委员萧石月故居，拍摄以萧石月为原型的电影《最后一颗子弹》，打造党风党纪百年展、水口山工人运动纪念馆等，将散落各处的21个红廉文化教育基地串点成线。江永县的千年古村上甘棠村被誉为“忠孝廉节之乡”，该县把乡村旅游与传统廉洁文化、民俗文化相结合，建成了全省首个村级廉政文化教育基地。在用好线下主阵地的同时，全省积极开发网上廉洁文化宣传新阵地，推进廉洁文化资源数字化。如，湖南省纪委监委官方微信公众号“三湘风纪”与各市州纪委监委联动推出“湖湘廉洁地图”，打造“掌上廉洁展馆”。湖南省自然资源厅联合湖南省纪委监委宣传部、湖南省委党史研究院编制《湖南廉洁文化地图》，并推出电子地图，选取全省相关点位150个，涉及人物110位，有导航、虚拟实景、音频、视频等辅助功能，数字化呈现湖湘廉洁元素。

三、丰富优质产品和服务供给，提升廉洁文化建设实效

新时代廉洁文化建设要突出一个“优”字，拓展利用廉洁文化优质资源，针对不同地域、领域、层级特点，分层分类开展廉洁文化建设，打造精品产品，做优服务供给。要顺应时代发展潮流，以满足群众廉洁文化需求为导向，贴近群众、贴近生活、贴近实际，使廉洁文化更接地气、更润人心。推动各地广泛开展富有湖南特色的群众性廉洁文化活动，规划、扶持一批廉洁文化主题项目，着力打造兼具思想性、艺术性和观赏性的精品力作，通过文学艺术、影视作品、戏曲歌舞、图书出版、书画展览、公益广告等形式，让人民群众和党员干部在润物无声中净化心灵，在耳濡目染中提升境界，在潜移默化中陶冶情操。探索搭建廉洁文化共享平台，建设廉洁文化作品库和人才库。

长沙市推出的大型现代花鼓戏《耀邦回乡》，被誉为一堂“久经考验的党课”，在全国多地巡演。湖南省昆剧团的新编昆剧《乌石记》讲述了唐代廉相刘瞻和贤妻清廉自守的故事，该剧入选国家艺术基金项目。省文化和旅游厅连续多年举办湖南红色旅游文化节，打造“韶山—井冈山”全国首条红色旅游铁路，推出“清廉湖南　红色文旅”系列主题活动。如，精心打造“清廉湖南红色文旅电子地图”。这是一套基于“互联网 +”架构建设的智慧文旅应用系统，内设清廉专栏、红色展演、精品线路、三维实景景区等栏目，用户通过电脑或手机可在线访问，实现“通过一张图畅游清廉湖南”。常德武陵区联合中国微型小说学会、《小说选刊》杂志社等单位连续八年举办廉洁微小说全国征文大赛，成为具有全国影响力的廉洁文化品牌。近年来，湖南出版了一大批廉洁文化精品著作，如，《正家》《中华廉洁文化史》《湖湘廉政文化读本》《湖湘廉吏》《大宋清官周敦颐》等。

专栏 9-5

湖南打造湖湘家风建设品牌

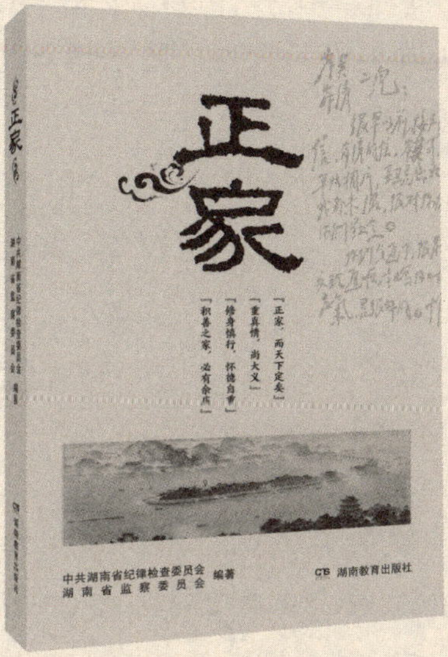

近年来，湖南坚持以好家风涵养好作风、培树社会新风，注重打造湖湘家风建设品牌，常态化开展“家庭助廉”活动。2023年12月，湖南省委办公厅印发《关于加强新时代领导干部家风建设的若干措施》，实施“凝心铸魂、红廉辉映、弘德明理、清朗家风、立规强基”五大工程，提出16条具体措施。湖南省纪委监委组织编写了党员干部家风建设读本《正家》。2023年以来，连续三年省、市、县三级联动举办家庭助廉主题活动，以廉润心、以文化人，助力领导干部筑牢拒腐防变的“家庭防线”。

（资料来源：三湘风纪网。）

四、强化示范引领，发挥廉洁文化教育作用

新时代廉洁文化建设的“基础工程”作用主要体现在教育上。应当充分发挥革命英雄、时代楷模、先锋模范的示范引领作用，推动党员干部养成公私分明、先公后私、克己奉公等崇高品质；充分发挥廉洁文化的教育、引导、激励、浸润和约束功能，推动建设以清为美、以廉为荣的清廉生态，培育全社会形成崇廉拒腐的价值理念。注重从革命文化中挖掘教育资源，挖掘传统湖湘文化、家规家训中的廉洁思

想，加强家庭家教家风建设；发挥时代楷模、勤廉典型的榜样力量，培养和树立勤廉兼优的先进典型；综合运用学习交流、宣讲报告、实践体验等方式，大力宣传勤政为民、廉洁奉公先进事迹。同时强化形势教育、纪法教育和警示教育，深入开展党纪学习教育，健全学纪学法制度、警示教育制度，扎实开展同级同类警示教育，建立健全以案说德、以案说纪、以案说法、以案说责机制。

湖南省用好主席家乡的红色资源优势，全力打造“我的韶山行”中小学生红色研学活动品牌。汝城县“半条被子”党性教育、廉政教

专栏 9-6

湖南开展“我的韶山行”中小学生红色研学活动

2023 年 5 月 24 日，湖南启动“我的韶山行”中小学生红色研学活动。该活动将思政课堂搬进毛泽东故里韶山，全省中小学生都能参与。活动实行“1+3”的特色模式，即 1 堂大思政课（含五大活动：广场开班式、故居情景教学课、纪念馆生平展区参观体验课、“恰似风华正茂”思政课、主题班会）+3 堂展教结合主题课（“学伟人家国情怀”“学伟人艰苦奋斗”“学伟人读书精神”）。

从 2024 年 9 月 19 日起，韶山实现每日接待 4000 人研学的目标。截至 2024 年 12 月 10 日，湖南已有长沙、岳阳、邵阳、常德等 11 个市州开行至韶山的红色研学专列。2024 年，韶山累计接待“我的韶山行”红色研学团队 152 批次、研学学校 528 所、研学师生 38 万人，带动社会化研学 90 万人。

（资料来源：杨迅《来韶山，上一堂思政课》，《人民日报》2025 年 1 月 9 日；《韶山红色研学交出“高分答卷”》，韶山市人民政府门户网站。）

育基地，成为全国红色教育热门“打卡地”。湖南省教育厅大力建设以廉洁教育为主题的校园文化品牌，组织全省高校连续开展“廉政文化作品征集暨廉洁教育系列活动”，把诚信教育、品德教育融入中小学日常教育教学全过程。

五、压实各方责任，健全组织保障机制

新时代廉洁文化建设的关键在抓好落实。廉洁文化建设是一项系统工程、长期任务，是一项经常性、基础性工作，须坚持系统理念、共建共创理念。应统筹推进清廉湖南建设和新时代廉洁文化建设，将廉洁文化建设融入清廉单元建设中，做到有机结合、相互促进，推动廉洁文化进机关、进企业、进学校、进医院、进村居。

压实政治责任，加强组织领导。湖南省委办公厅印发的《关于加强新时代廉洁文化建设的若干措施》明确，由湖南省纪委监委机关、省委组织部、省委宣传部牵头建立廉洁文化建设工作会商机制，加强对全省廉洁文化建设的统筹协调、督查指导和部署推动。压实各级党委（党组）的主体责任，把廉洁文化建设纳入党风廉政建设和反腐败工作大局进行谋划，把抓好廉洁文化建设作为履行管党治党政治责任的重要内容。建立党委统一领导、纪检监察机关组织推动、职能部门各负其责、社会各界广泛参与的统筹协调机制。

上下联动形成合力，做到全省“一盘棋”。把廉洁文化建设融入“大文化”“大宣传”格局，纳入党的建设和文化建设整体规划。组织部门把廉洁从政教育作为干部教育培训重要内容；宣传文化部门加大宣传阐释力度，统筹廉洁文化精品创作；教育部门把廉洁教育贯穿于教育教学全过程；各相关部门发挥职能优势，形成共建共创的强大工作合力。

建立健全评价体系和保障机制。探索建立具有湖南特色的廉洁文化

建设评价体系和激励机制，把廉洁文化建设纳入精神文明创建考评、绩效考核指标体系等。坚持从实际出发，反对形式主义。加强廉洁文化建设的经费保障，做到务实节俭，实施廉洁文化建设精品工程。

广泛发动全社会支持和参与。廉洁文化建设需要人人参与、全民共建，只有依靠全社会的支持和参与，廉洁文化才能得到长久的发展和繁荣。坚持走群众路线，充分调动和发挥社会各界的智慧和力量，动员公众广泛参与，构建多元化、立体式、全覆盖的新时代廉洁文化建设格局，形成人人学廉、人人思廉、人人促廉的浓厚社会氛围。

关键词索引

KEYWORD INDEX

后 记

POSTSCRIPT

为贯彻落实党的二十大、二十届三中全会精神，贯彻落实习近平总书记关于湖南工作的重要讲话和指示批示精神，贯彻落实省委十二届四次、五次、六次、七次全会精神，省委宣传部在组织编写出版《湖南高质量发展丛书（第一辑）》的基础上，组织编写了《湖南高质量发展丛书（第二辑）》［以下简称《丛书（第二辑）》］。《丛书（第二辑）》定位为智库类、普及类的政治理论读物，由湖南大学出版社、湖南人民出版社出版。

《清廉湖南建设》由邓联荣、王元任主编，王岸兵、罗英任副主编。参加编写的还有：田光贵、蒋伟、张永祥、贺胤育、朱淑敏、杨章、刘怡达、符健敏、李中平、曾晶、曹俊炜、张杨、胡有林、高建、李鹏博、李仕豪、杨宇锦。邓联荣系中共湖南省委党校（湖南行政学院）副校（院）长、教授，湖南工商大学马克思主义学院原院长；罗英系湖南大学法学院（纪检监察学院）教授、博士生导师。

省政协原党组副书记、副主席，省智库建设顾问贺安杰审阅了《丛书（第二辑）》书稿，对书稿修改提出了许多指导意见。省委宣传部副部长、省电影局局长任晓山同志对编写提纲和书稿修改进行了指导。省社科工作办主任陈湘文组织研讨、修改书稿。中央纪委研究室原主任李雪勤，中央党校（国家行政学院）教授、博士生导师李勇，武汉大学马克思主义学院教授刘俊奇，湖南省纪委监委、中共湖南省委党校（湖南行政学院）、湖南工商大学、湖南大学法学院（纪检监察学院）给予了指导和支持。蒋勇军、钱胜、刘浩、刘国良、谢兵良、周德义、何隆德、丁文、刘杏花、李吾秋、刘子敏、方艳、彭志飞、张雅琴、何涛、刘进、杨帆、郑宇敦、李纪兵、谢志远、陈飞虎、熊觉、黄梓根、文革军、李慧娟、龙秀雄、王连花、刘凯等同志参与研讨和修改。

湖南大学出版社认真组织了本书的编辑出版工作。本书的编写参考采用了有关部门的资料，吸纳了专家学者的研究成果，编者在此一并表示感谢！

编　者

2025 年 3 月